汽车维修职业技能培训教程

汽车PDI、保养与车间安全

主　编：翟　毅　谭克诚
副主编：周宝誉　陈健健　兰斌富　杨玲玲
　　　　易坤仁　陆　洋　王俪颖
参　编：王海文　黄启敏　阳　亮　陈彦兆
　　　　朱劢鼎　陈满秀　周　钰

机械工业出版社

《汽车 PDI、保养与车间安全》紧密结合现代汽车 PDI、保养与车间安全生产实际，契合融"教－学－做"为一体的教学方法和手段，满足高等职业教育推行工学结合人才培养模式的发展需要。

本书共分 13 章，以汽车 PDI、保养和车间安全为主线，采用理论与实践为一体的编写模式，内容包括车辆保养基础知识、动力系统保养与检查、底盘系统保养与检查、电气系统保养与检查、车辆保养流程、车辆保养后续工作、车间安全规定、车间安全标志、车间人身安全、车间安全防范与应急处理、车辆操作安全、实训指导和实操认证评分。

本书可作为高等职业院校、高等专科院校、成人高校、民办高校和本科院校二级职业技术学院汽车检测与维修技术及相关专业的教学用书，也可作为汽车维修技术人员及相关从业人员的业务参考书及培训用书。

图书在版编目（CIP）数据

汽车 PDI、保养与车间安全/翟毅，谭克诚主编. —北京：机械工业出版社，2018.10（2022.8重印）

汽车维修职业技能培训教程

ISBN 978-7-111-61027-4

Ⅰ.①汽… Ⅱ.①翟…②谭… Ⅲ.①汽车－车辆保养－高等职业教育－教材②汽车－车辆修理－高等职业教育－教材 Ⅳ.①U472

中国版本图书馆 CIP 数据核字（2018）第 222073 号

机械工业出版社（北京市百万庄大街 22 号　邮政编码 100037）
策划编辑：连景岩　孟　阳　责任编辑：孟　阳
责任校对：佟瑞鑫　　　　封面设计：马精明
责任印制：孙　炜
北京雁林吉兆印刷有限公司印刷
2022 年 8 月第 1 版第 3 次印刷
184mm×260mm·10 印张·243 千字
标准书号：ISBN 978-7-111-61027-4
定价：35.00 元

Preface 前 言

随着中国汽车工业的快速发展，汽车技术日新月异，新结构、新系统、新装置在汽车上的应用不断增多。这就要求职业院校不断培养能够适应汽车技术发展的汽车运用与维修人才。本书基于汽车维修技师应掌握的现代汽车PDI、保养操作技能，以及维修车间安全工作规范编写。

本书的编写结合了汽车4S店的技术服务实践，具有较强的针对性，较好地贯彻了素质教育的思想，力求体现以人为本的理念，从行业岗位群的知识和技能要求出发，结合对学生创新能力、职业道德方面的要求。

本书针对相关教学方法和手段进行了改革，融"教－学－做"为一体，将课堂与实训室融合，力求提高学生的职业技能，同时提升教学质量。

本书配有课程PPT、实训指导（含任务工单）、实训操作认证样题和课后练习题电子文档，这对提高学生的综合能力与素质有很大帮助。本书具有如下特点：

1. 理论与实践一体化：本书将理论学习与实践学习融为一体，有利于提高学生的实际操作能力。

2. 引导学生主动学习：学生根据自己的实际操作项目填写实训指导任务工单，并进行数据处理与分析，把理论知识应用到实践中，将理论知识转化为实用技能。

参加本书编写的人员分工如下：翟毅编写第四章和第十二章；谭克诚编写第三章和第六章；周宝誉编写第一章；陈健健编写第八章；兰斌富编写第五章；杨玲玲和易坤仁编写第二章；陆洋和王俪颖编写第九章；黄启敏、阳亮和陈满秀第七章；王海文和朱劭鼎编写第十章；陈彦兆和周钰编写第十一章和第十三章。本书的编写得到了上汽通用五菱公司市场与网络部工作人员的悉心指导，在此表示衷心的感谢。

编者在写作过程中参考了大量的资料和文献，在此向原作者表示感谢。

由于编者水平有限，书中难免有疏漏之处，恳请读者批评指正。

编　　者

Contents
目 录

第一章　车辆保养基础知识

● 学习要点：

1）车辆保养油液的相关基础知识。
2）车辆点火系统的相关基础知识。
3）车辆滤清器的相关基础知识。
4）车辆制动盘与制动片的相关基础知识。
5）车辆正确实施保养工作的周期与意义。

● 学习目标：

1）了解车辆保养所需油液及其特点。
2）了解火花塞和高压线的类型和特点。
3）了解车辆各滤清器的用途和特点。
4）了解车辆制动盘、制动片的作用和类型。
5）简述正确实施保养工作的意义。

第一节　保 养 油 液

车辆保养常用油液包括发动机润滑油（简称机油）、变速器油、差速器油、制动液、冷却液和玻璃清洗液等。

下面以五菱汽车为例对保养知识进行讲解。

一、机油

发动机被称为汽车的"心脏"，而机油被称为发动机的"血液"，发动机内部有诸多相互摩擦运动的金属部件，这些部件的相对运动速度快、工作温度高（可达 400～600℃）、工作环境恶劣。因此，只有符合标准的机油才能够满足发动机正常运转的需要，从而减少磨损，延长发动机的使用寿命。

1. 机油的作用

机油有润滑、密封、冷却和清洗的作用。

1）润滑：在两个摩擦副表面间建立油膜，油膜将摩擦副中相对滑动的摩擦表面隔开，从而实现润滑减摩的作用，如图 1-1 所示。

2）密封：机油可以在活塞环、活塞和气缸壁之间形成一个完整的密封油膜，减少气体的泄漏，从而实现密封的作用。

3）冷却：机油能够将金属摩擦所产生的热量与燃烧所产生的热量，通过热传导带回油底壳再散发至空气中，从而实现冷却发动机的作用，如图 1-2 所示。

4）清洗：机油通过循环流动，冲洗发动机各组成零件表面，并将发动机运转所产生的碳化物、污物、金属屑带回油底壳，从而实现清洗的作用。

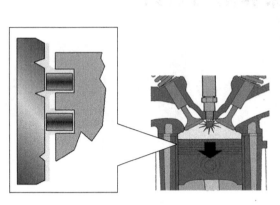

图1-1 密封润滑的作用

图1-2 冷却清洗的作用

2. 机油的黏度

黏度表明了物质分子对于物质移动的阻力程度，是对液体流动性的评价指标。

通常情况下，液体的黏度随温度的升高而降低，随温度的降低而升高，这种液体黏度与温度的关系，称为黏温特性，如图1-3所示。

3. 机油的等级

机油等级对发动机运行状态有非常大的影响，目前主要的机油等级划分有API（美国石油协会）、SAE（美国汽车工程师协会）和ACEA（欧洲汽车制造协会）三种标准。

（1）SAE对机油的等级划分

SAE以机油的黏度为标准，对其进行等级划分，如图1-4所示。

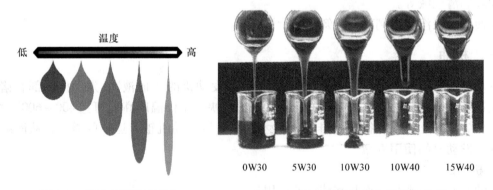

图1-3 机油黏温特性示意

图1-4 SAE标准与机油黏度的关系

例如："5W-30"，该编号是SAE标准下机油的一个等级编号，其中：

"W"表示冬季用机油。

"5"表示该机油的低温流动性（也称为低温黏度），5W适用于在-30℃的低温环境。

"30"表示机油的耐高温指标，数值越大说明机油适用温度越高。

（2）API 对机油的等级划分

API 以机油的质量为标准，对其进行等级划分。

API 标准采用简单的两位英文字母代码描述机油的工作能力，其中：

第一位代码，"S"代表汽油机用机油，"C"代表柴油机用机油。

第二位代码，按照英文字母排列顺序表示机油的质量等级，越靠后的字母表示机油的等级越高。

例如：如图 1-5 所示，API 标准下 SJ 与 SM 两种级别汽油机用机油相比较，SM 级机油的等级高于 SJ 级机油。

（3）ACEA 对机油的等级划分

ACEA 以机油在实际使用中黏度保持在其原有级别内的能力为标准，对机油的等级进行划分，如图 1-6 所示。ACEA 标准机油的每个等级编号由字母和数字组成，例如 A1 – 96，其中英文字母表示应用领域：

A = 轿车用汽油机，B = 轿车用柴油机，E = 货车用柴油机。

第一个数字表示品质：

1 = 特殊要求，2 = 通常要求（标准），3 = 严格要求，96 代表发布年限。

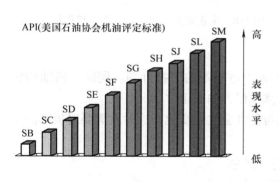

图 1-5　API 标准的级别示意

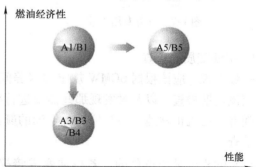

图 1-6　ACEA 标准与机油特性关系

API 标准与 ACEA 标准对机油等级划分的依据不同，在学习过程中对其理解和记忆存在一定困难，为此，以下列举轿车用机油在 ACEA 标准等级与 API 标准等级下编号的对应关系。

机油被区分为以下五种品质等级：

ACEA 标准　A1——经济燃油，低黏度。相当于 API SJ 级别（半合成及全合成）。

ACEA 标准　A2——主要产品区间，相当于 API SG、SF 级别（矿物油及半合成）。

ACEA 标准　A3——较高等级产品，相当于 API SL 级别（半合成及全合成）。

ACEA 标准　A4L、A5——最高等级产品，相当于 API SM 级或以上级（全合成机油）。

4. 五菱机油

为保证五菱车型的发动机有更好的润滑效果，上汽通用五菱汽车公司（SGMW）推出了专用的五菱汽车机油，如图 1-7 所示。

使用新的机油基于三个原因：实现提高燃油效率和减少发动机排放的目标，延长发动机寿命，延长换油周期。

5. 机油对发动机性能的影响

随着发动机长时间运转，发动机内的机油会发生变质，因此需要定期更换机油。

长时间不更换机油会造成发动机内油泥、积炭的淤积，影响发动机润滑效果，极端情况下会造成发动机损坏，如图 1-8 所示。

图 1-7　五菱专用机油

图 1-8　未正常更换机油导致发动机损坏

6. 机油变质的检查

一般来说，应该根据 SGMW 规定的保养间隔来安排机油的更换计划。同时，机油的状态也应该定期检查，以及时发现那些需要进行维修或保养的不正常状况。

随着发动机正常地运转与使用，机油的颜色与黏度会发生变化，这时就需要对机油品质进行检查。

正常的机油是淡黄色的，若机油变成暗棕色、黑色或散发出焦煳味时，就表明需要更换机油了，如图 1-9 所示。

注意：SGMW 建议汽车每行驶 6 个月或 5000km 更换一次机油。

二、变速器油（手动变速器）

变速器油也称齿轮油，是保持变速器正常工作的油

新机油　　　　旧机油

图 1-9　检查机油

类用品。

1. 变速器油的作用

变速器油也具有润滑、冷却、清洗及防腐的作用，如图 1-10 所示。

1）润滑：对齿轮传动机构部件起到润滑作用，减小它们之间的摩擦，以提高部件的使用寿命。

2）冷却：通过变速器油的流动，带走部件的热量，对部件进行冷却，使之保持正常的工作温度。

3）清洗：能带走摩擦件上的碎屑和污物。

图 1-10　变速器油的作用

4）防腐：防止齿轮锈蚀损坏。

2. 变速器油等级划分

变速器油根据不同的使用工况和环境特点，也有不同的等级划分标准，因此不同型号的变速器油不可混用，必须严格按照 SGMW 的要求选择变速器油。

API 将车辆变速器油按使用性能分为 GL–1、GL–2、GL–3、GL–4、GL–5、GL–6 六类：

GL–1 和 GL–2 为低速、低负荷普通车辆用油。

GL–3 为中速、中负荷汽车用油。

GL–4 为低速高转矩和高速低转矩的汽车用油。

GL–5 用于高速冲击负荷下为低速高转矩和高速低转矩的汽车双曲线齿轮油。

GL–6 是客车用油。

目前五菱变速器使用的是 API GL–4 90 型手动变速器油，如图 1-11 所示。

3. 变速器油对变速器的影响

变速器油长期在高温下工作会变质挥发，从而加剧机械零件的磨损，严重时会损坏变速器内部零件；长期不更换变速器油，变速器油会变浓，易使变速器散热器受阻，从而导致变速器油温过高，加剧磨损，如图 1-12 所示。

图 1-11　五菱变速器油

图 1-12　变速器油对变速器的影响

4. 变速器油品质检查

正常的变速器油应该是无味、半透明和黄色的，如果车辆的使用条件、工况良好，则变速器油应清澈、杂质稀少（可用眼观），可适当延长使用周期。如果变速器油的颜色发黑且有焦煳味，则需要更换，并且需要对变速器进行进一步检查，如图1-13所示。

旧变速器油　　　　　　　新变速器油

图1-13　五菱汽车变速器油品质对比

三、差速器油

差速器油是齿轮油当中的一种。五菱汽车采用低摩擦型差速器油，更有助于防止锈蚀、减小噪声和减少磨损。

1. 差速器油的作用

差速器油主要的作用是润滑、冷却、防腐和清洗。减少齿轮及其他运动部件的磨损，延长齿轮寿命；减少摩擦，降低功率损失；分散热量，起一定的冷却作用；防止腐蚀和生锈；减小工作噪声，减少振动及齿轮间的冲击作用；冲洗污物，特别是冲去齿面间的污物，减轻磨损，如图1-14所示。

2. 差速器油的检查

差速器由行星轮、行星轮架（差速器壳）和半轴齿轮等零件组成，这些部件在工作过程中会相互摩擦，容易产生金属屑，若不及时进行更换，则会造成差速器异响、烧蚀甚至损坏抱死的现象。为保证差速器能够正常地运行工作，需要定期更换差速器油。

新差速器油颜色鲜艳，呈半透明状。长时间使用后的差速器油会变为深色，黏度降低。如果差速器油中有大量金属屑，则应该马上更换，必要时还要对差速器进行检查，如图1-15所示。

图1-14　差速器油的作用

新差速器油　　　　　旧差速器油

图1-15　差速器油的检查

四、制动液

制动液是液压制动系统中传递制动压力的液态介质，正确使用制动液对保证制动系统的可靠性是非常重要的。

1. 制动液的作用

制动液又称制动油，英文名为 Brake Fluid，它是制动系统工作时不可缺少的介质。因为液体是不能被压缩的，所以从制动主缸输出的压力会通过制动液直接传递至制动轮缸中，如图 1-16 所示。

2. 制动液的分类

制动液按原料的不同分类，有合成型、醇型和矿油型三种，如图 1-17 所示。

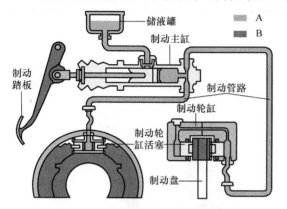

图 1-16 车用液压制动系统的组成
A—制动液 B—橡胶密封件

图 1-17 制动液的分类

1）醇型：由 45~55% 的精制蓖麻油和低碳醇（乙醇或丁醇）调配后，经沉淀制得，是无色或浅黄色清彻半透明液体。

2）矿油型：用精制的轻柴油馏分加入稠化剂和其他添加剂制成。

3）合成型：用醚、醇、酯等掺入润滑剂、抗氧化剂、防锈剂和抗橡胶溶胀剂等添加剂制成。

3. 制动液的型号

DOT 是美国交通部（U. S. Department of Transportation）的简称，DOT 以制动液的最低沸点为标准，对制动液的级别进行了划分，目前该标准被广泛应用。

DOT 标准将合成型的制动液分为三种，即 DOT3、DOT4、DOT5，其中，DOT3 和 DOT4 制动液通常为无色或淡琥珀色，并且具有吸水特性。DOT5 制动液呈紫色，不易吸水，但是与空气的亲和力很好，与 DOT3 和 DOT4 不相溶。

五菱汽车目前使用的制动液型号为 DOT3 和 DOT4，如图 1-18 所示。

4. 制动液的特点（表 1-1）

制动液（图 1-19）应具有良好的黏温、低温特性，以及适当的润滑、耐蚀及化学稳定性。

图 1-18 制动液的型号

表1-1　制动液的特点

项目		SAE J1703	FMVSS116 JIS K2233 DOT3 ISO4925	FMVSS116 JIS K2233 DOT4 SAE J1704	FMVSS116 DOT5.1 ISO4925 Class5.1	ISO 4925 Class 6
平衡回流沸点/℃	≥	205	205	230	260	250
湿平衡回流沸点/℃	≥	140	140	155	180	165
运动黏度/(mm²/s) −40℃	≤	1800	1500	1800	900	750

（1）良好的黏温和低温特性

在制动过程中，由于摩擦发热可使蹄片温度高达250℃左右，其热量有一部分传给制动液，使其工作温度在70～90℃范围内，需频繁制动时，其工作温度可达110℃甚至更高，因此要求制动液要有良好的黏温特性和低温流动性。

（2）良好的与橡胶的适应性、耐蚀性及化学安定性

制动系统中有橡胶密封件，用以保持制动系统完全密闭，因此制动液应具有良好的与橡胶密封件的适应性，防止橡胶密封件膨胀变形，机械强度降低。

图1-19　制动液

（3）良好的金属耐蚀性

制动液长期在高温下工作，因此要求其不产生热分解和重合，不会增黏，也不允许生成油泥沉积物。

5. 制动液的沸点

汽车频繁制动时，制动液温度可能会急剧升高。若制动液沸点不够高，则会汽化，产生气泡，导致踩制动踏板发软，不能立即获得预期的制动力，因此难以保证行车安全性。制动液沸点有湿沸点和干沸点两种标准。

湿沸点是指使用两年后或含水3.5%的制动液的沸点，干沸点是指新制动液（不含水分）的沸点。

图1-20所示为DOT3、DOT4制动液干、湿沸点状况。

6. 制动液的检查

制动液长时间使用后，其中的水分含量增高，会导致其沸点大大降低并造成制动系统元件腐蚀，制动性能会明显下降，含水的制动液颜色会变深，因此需要对制动液进行

图1-20　DOT3、DOT4制动液干、湿沸点状况

定期检查与更换。

新制动液的颜色清澈、鲜艳，当制动液有焦煳味，或者含有悬浮物时，应立即更换，并检查制动系统，如图 1-21 所示。

五、冷却液

运转的发动机会产生热量，冷却液在发动机的冷却水道和散热器中循环流动，为机体降温，使发动机保持正常的工作温度，如图 1-22 所示。

新制动液　　　　旧制动液

图 1-21　制动液的检查

1. 冷却液的作用

冷却液是发动机冷却系统中热传导的介质，它既要保证发动机工作时的正常工作温度，也要保证发动机在熄火时的正常待起动状态温度。冷却液的主要作用为冷却、防冻、防沸腾和防腐。

1）冷却：通过冷却液在冷却系统中的循环流动，将发动机工作产生的热量散发。

2）防冻：冷却液的冰点低，可以防止在寒冷冬季停车时，因系统内结冰，导致散热器胀裂，从而损坏发动机。

3）防沸腾：冷却液的沸点通常在110℃左右，比水更难沸腾。

4）防腐：发动机冷却系统中有金属元件，冷却液中有很多添加剂，可以防止冷却液对金属元件的腐蚀。

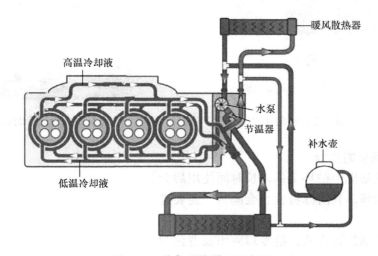

图 1-22　冷却系统循环示意图

2. 冷却液的主要成分

冷却液是水和防冻剂以及少量防腐蚀添加剂的混合溶液。

常见的冷却液主要包括乙二醇－水冷却液、二甘醇－水冷却液、酒精－水冷却液。

五菱汽车使用的是乙二醇－水冷却液，如图 1-23 所示。

3. 冷却液的特点

汽车会行驶在不同的气候条件下，要求发动机能在 −40～40℃ 之间正常运转，因此冷却液要有高沸点和低冰点。

（1）冰点特性

在标准大气压下，冰与水的混合物的温度被定义为0℃。0℃同时被定义为水在标准大气压下的冰点。冰点受压强的影响，压强越大冰点越低。在相同外部条件下，冷却液的冰点要低于水的冰点，如图1-24所示。五菱汽车冷却液的冰点不高于－25℃。

（2）沸点特性

当液体受热超过其饱和温度时，内部和表面会同时发生剧烈汽化的现象，称作沸腾。在标准大气压下，水沸腾的温度被定义为100℃。100℃同时被定义为水在标准大气压下的沸点。沸点受压强的影响，压强越大沸点越高。在相同外部条件下，冷却液的沸点要高于水的沸点，如图1-25所示五菱汽车冷却液的沸点不低于106.5℃。

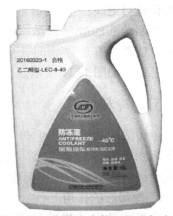

图1-23　五菱汽车使用的冷却液

图1-24　冷却液的冰点

图1-25　冷却液的沸点

4. 冷却液品质的检查

冷却液在发动机中循环工作，长时间使用后会氧化变质或被稀释，其防冻特性也会降低，需要进行检查或更换。

冷却液本身都是无色的，给冷却液添加着色剂是为了便于技师检查冷却液的液位。不同厂商生产的冷却液颜色不尽相同，常见的有黄色、红色、橙黄色和绿色。品质良好的冷却液颜色饱满且有芳香味。

如果冷却液的颜色不正常且表面有油膜，则需要更换，且需要对冷却系统进行检查，如图1-26所示。

新冷却液　　　　旧冷却液

图1-26　冷却液品质的检查

六、玻璃清洗液

玻璃清洗液用于清除风窗玻璃和前照灯上的尘土和油污，如图 1-27 所示。有些玻璃清洗液还有防冻作用，也用来清除风窗玻璃和前照灯上的积雪。

1. 玻璃清洗液的作用

玻璃清洗液主要有清洗、防冻、除雾和润滑的作用，如图 1-27 所示。

1）清洗：清洁风窗玻璃和前照灯上的尘土和污物。

2）防冻：有些玻璃清洗液中含有防冻剂，可防止低温结冰并用于融雪。

3）防雾：玻璃清洗液中含有添加剂，可有效防止玻璃起雾。

4）润滑：玻璃清洗液中含有润滑剂，可减少刮水器刮片与玻璃间的摩擦。

2. 玻璃清洗液的特点

玻璃清洗液的主要成分是甲醇和异丙醇，这两种成分主要起到去污和防冻的作用。为防止在管道和喷嘴处产生矿物质沉淀形成水垢，玻璃清洗液中还含有湿润剂，如图 1-28 所示。

图 1-27 玻璃清洗液　　　　　图 1-28 玻璃清洗液的作用

第二节　点　火　系　统

点火系统是汽油发动机重要的组成部分，点火系统的性能对发动机的功率、油耗和排放等影响很大，以下将对五菱汽车的点火系统部件进行介绍。

一、火花塞

火花塞是汽油发动机点火系统的重要组成部件，火花塞工作的质量对发动机燃烧效果有重要影响。

1. 火花塞的作用

火花塞的作用是将点火线圈所产生的脉冲高压电引进燃烧室，利用电极产生的电火花点燃混合气，完成燃烧，如图 1-29 所示。

火花塞通常安装在发动机的气缸盖上，当活塞移动至压缩行程上止点附近时，火花塞发出电火花，点燃被压缩的可燃混合气，推动活塞下行输出机械功。

2. 火花塞的结构

火花塞由接线端子、绝缘陶瓷、中心电极、钢体与侧电极等部件组成，如图 1-30 所示。

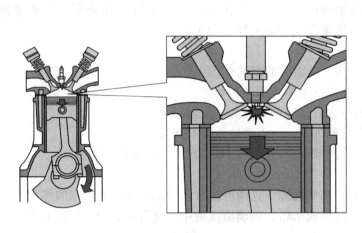

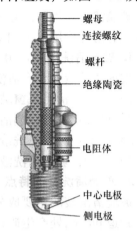

螺母
连接螺纹
螺杆
绝缘陶瓷
电阻体
中心电极
侧电极

图 1-29　火花塞的作用　　　　　　　　图 1-30　火花塞的结构

　　中心电极与侧电极是火花塞的主要组成部分，中心电极使用高阻值材料，用以减弱点火时的无线电干扰，保护点火线圈，其阻值一般在 5000Ω 左右。

　　火花塞的两个电极之间有 1mm 左右的间隙，当点火线圈产生瞬时高电压并传递到中心电极时，会击穿此间隙传递到侧电极，产生高能量的火花，点燃电极附近的混合气。火花塞上方用陶瓷进行绝缘，以防止漏电。

3. 火花塞的检查

　　随着使用时间增长，火花塞电极间隙会增大，造成放电（即产生火花）困难，影响发动机的正常工作。如图 1-31 所示，当火花塞外观出现开裂、破损、毛刺及陶瓷体损坏等现象时，需要更换。

　　正常火花塞电极间隙在 0.8～0.9mm 范围内，间隙过大应更换，如图 1-32 所示。

图 1-31　火花塞的外观检查　　　　　　图 1-32　火花塞间隙的检查

二、点火线圈

　　点火线圈就是一个变压器，它可以把蓄电池的低压电转换成高压电，然后通过火花塞点燃气缸里的混合气。

1. 点火线圈的结构

点火线圈里通常有两组绕组：一次绕组和二次绕组。

一次绕组与二次绕组共同围绕一个铁心，如图 1-33 所示，两绕组的一端共接。当一次绕组通电时，围绕两绕组生成电磁场并通过铁心加强。当一次绕组断电时，磁场快速衰减，同时在二次绕组中感应生成高压电，再传递到相应的火花塞。

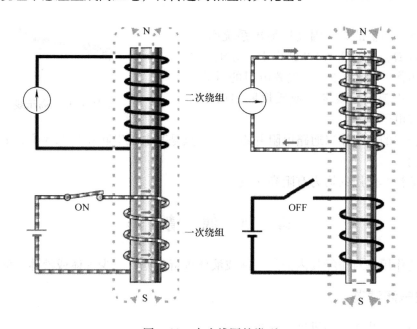

图 1-33　点火线圈的类型

2. 点火方式（图 1-34）

五菱汽车采用的点火方式有单缸点火和双缸同时点火两种。单缸点火指每个气缸对应一个点火线圈，双缸同时点火指每两个气缸对应一个点火线圈。相对双缸同时点火，单缸点火的优势是能量耗损少，点火正时更精确，排放和燃油经济性均更好。

图 1-34　点火线圈的结构

三、高压线

点火线圈与火花塞之间依靠高压线连接。高压线由金属导线和高强度绝缘体构成，如图 1-35 所示，在较宽泛的温度范围内有良好的绝缘性和导电性，高压线分为有阻高压线和无阻高压线两种。

有阻高压线阻值的大小因高压输出系统而异，有的只有几百 Ω，有的达到 10kΩ 以上，在电气学中这个电阻叫作"限流电阻"。设置电阻的目的主要是防止高压电流因导线老化或质量原因而损坏高压输出系统电子元件。

图 1-35　高压线

无阻高压线的高压输出通路电阻并不为零，只是其电阻串联在其他部位，如串联于变压器二次绕组内等。

目前五菱汽车使用的均为有阻高压线。

第三节　滤　清　器

滤清器的作用是对流经其内部的气体或液体进行过滤，减少气体或液体中的杂质含量。

一、空气滤清器

空气滤清器安装在发动机进气口处，它的作用是对发动机运转时吸入的空气进行过滤，防止空气中的灰尘、颗粒物等杂质进入发动机气缸内，其另一个作用是消除一部分进气噪声，如图 1-36 所示。

空气滤清器在使用一段时间后，会被杂质堵塞，导致发动机的进气阻力增大，充气效率降低，出现混合气燃烧不完全等故障现象。

如果空气滤清器堵塞严重，则其前后表面的压力差增大，滤纸表面的薄弱部位会因为压力增大而被灰尘颗粒击穿，灰尘颗粒进入发动机后会加速发动机的磨损，因此需要定期更换空气滤清器。

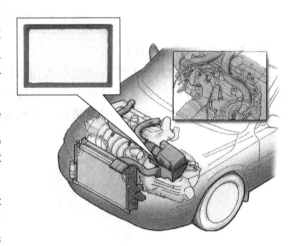

图 1-36　空气滤清器

注意：五菱汽车公司规定的空气滤清器的更换周期是每行驶 1 万 km 更换一次。

二、机油滤清器

机油滤清器又称机油格，用于滤除机油中的灰尘、金属颗粒、炭沉淀物等杂质，保护发动机。

1. 机油滤清器的安装位置

机油滤清器与主油道相连,所有机油都直接从这里流过,如图 1-37 所示,由此确保机油在流到润滑位置前都是清洁的。

注意:五菱汽车公司规定的机油滤清器更换周期是汽车每行驶 5000km 或三个月更换一次,此外每次更换机油时都要更换机油滤清器。

2. 机油滤清器的结构

机油滤清器由外壳、弹簧、滤芯、旁通阀门、内部支撑、盖板和密封圈等组成,如图 1-38 所示。

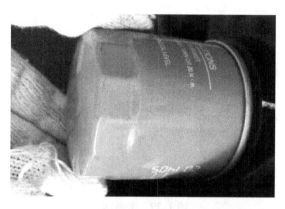

图 1-37 机油滤清器的安装位置

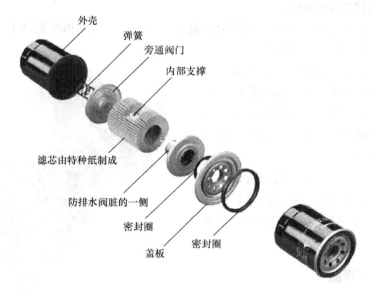

图 1-38 机油滤清器的结构

为确保在发动机出现故障或极低温度下机油流动特性变差时,也能对发动机进行润滑,通常在机油滤清器中安装一个旁通阀,如图 1-39 所示。当机油滤清器入口处的压力明显升高时,部分机油不经过滤直接流到发动机油道内。

三、燃油滤清器

五菱汽车的燃油滤清器安装在燃油箱到发动机的燃油管路中,它的作用是滤除燃油中的固态杂质。

1. 燃油滤清器的结构

燃油滤清器主要由滤清器盖、支撑管、滤纸及外壳组成,如图 1-40 所示。

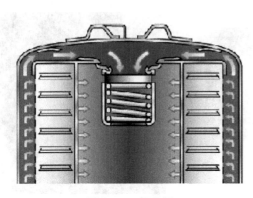

图1-39 旁通阀

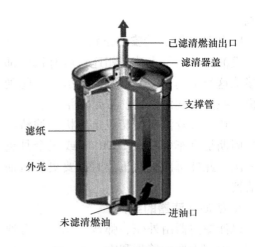

图1-40 燃油滤清器的结构

2. 燃油滤清器的使用特点

燃油滤清器在使用一段时间后会被杂质堵塞，导致进入发动机的燃油油压下降，从而使混合气过稀，发动机输出功率下降。

燃油滤清器堵塞严重时，其前后表面的压力差增大，杂质会穿过燃油滤清器进入发动机燃油管路，从而导致燃油管路堵塞，因此需要定期更换燃油滤清器。五菱汽车燃油滤清器如图1-41所示。

注意：五菱汽车燃油滤清器正常情况下每行驶10 000km需更换一次。若燃油出现异常（出现水、可溶性异物等）则需根据实际情况进行更换。

图1-41 五菱汽车燃油滤清器

四、空调滤清器

空调滤清器安装在空调单元内，其作用是过滤进入驾驶室的空气中所包含的灰尘等杂质，如图1-42所示。

随着空调滤清器使用时间的增加，其表面吸附的杂质也会增加，进而导致过滤效果变差，造成灰尘和粉尘进入车内，影响车内乘员健康。

五菱汽车的空调滤清器是纸质滤清器，其内部填充有活性炭颗粒，可过滤直径大于$1\mu m$的灰尘，净化空气中90%以上的臭氧和氮氧化物，消除异味，过滤花粉和粉尘。

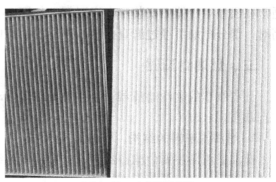

图1-42 空调滤清器

第四节　制 动 系 统

制动系统是汽车上最关键的系统之一，其主要功用是使行驶中的汽车减速或停止，使下坡状态的汽车速度保持稳定，使已停驶的汽车保持不动。汽车制动器可分为行车制动器和驻车制动器两部分。其中，行车制动器又可分为盘式制动器和鼓式制动器两类。

一、盘式制动器

1. 盘式制动器作用

如图 1-43 所示，从构造上看，制动盘与车轮连为一体，是盘式制动系统中唯一旋转运动的部件。在制动系统工作时，制动片夹紧制动盘，实现制动。

受制动卡钳推动的制动片通过夹紧制动盘来产生制动力，它相对旋转的制动盘是固定的。

2. 盘式制动器结构

制动盘由铸铁或铸铁与钢复合制成，它由轮毂和制动面组成。轮毂是安装车轮的部位，可能包含车轮轴承。制动盘两侧加工出与制动片摩擦的制动面。

如图 1-44 所示，制动盘上安装车轮的一侧称为外侧，朝着车辆的一侧称为内侧，与金属防溅板相对。制动面的尺寸由制动盘的直径决定。

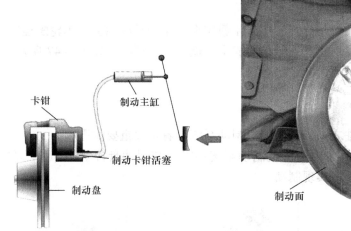

图 1-43　盘式制动器结构　　　　　　　　图 1-44　盘式制动器实物

3. 盘式制动器特点

盘式制动器具有以下优点（图 1-45）：

1）盘式制动器散热性能好，在连续制动时不易出现制动力热衰减现象。

2）制动盘受热后尺寸的改变不会影响制动踏板的行程。

3）盘式制动系统的反应快，可做高频率的制动动作，与 ABS 系统更匹配。

4）盘式制动器的四轮制动力比较均匀。

5）制动盘的排水性较好，可以有效避免水或泥沙造成的制动不良现象。

6）盘式制动器的构造简单，易维修。

4. 盘式制动器安装类型

盘式制动器有固定式和浮动式两种安装形式，两种形式各有特点。

（1）固定式盘式制动器

固定式盘式制动器的轮毂和制动盘是铸成一体的，这种安装形式维修操作较复杂，且成本较高，如图1-46所示。

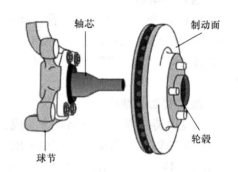

图1-45　盘式制动器安装位置示意　　　　图1-46　固定式盘式制动器

（2）浮动式盘式制动器

浮动式盘式制动器的制动盘和轮毂是分开的，其轮毂装在车轮轴承或轴上。车轮螺栓装在轮毂上，穿过制动盘轮毂法兰。浮动式盘式制动器成本较低，且易更换，如图1-47所示。

注意：五菱CN113R使用的是浮动式盘式制动器。

5. 制动片

（1）制动片作用

制动片是制动系统中的摩擦部件之一，其性能对制动系统有着至关重要的影响。

如图1-48所示，制动片装在制动卡钳中，是制动系统中唯一与制动盘接触的部件。在制动系统工作时，制动片夹紧制动盘，实现制动。

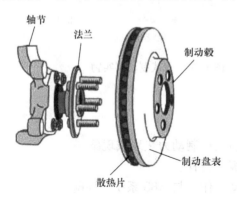

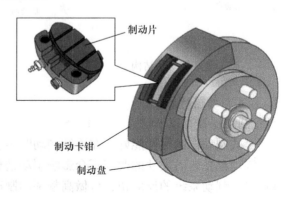

图1-47　浮动式盘式制动器　　　　图1-48　制动片的安装位置

制动片是由表面带摩擦材料的钢板制成的。它位于制动盘两侧，卡钳的内侧。踩下制动踏板后，制动片被压向制动盘表面，依靠摩擦力使制动盘/车轮转速降低。

（2）制动片结构（图1-49）

制动片表面摩擦材料的选择应参考以下因素：摩擦面积、表面光洁度、磨损率和安全隐患。

为保证制动系统正常、稳定工作，制动片应具备以下特点：

1）良好的摩擦性能，摩擦材料的摩擦系数高。

2）减少制动力热衰减现象，保证制动系统的正常、稳定。

3）制动噪声小，保证制动舒适性。

4）合理的使用寿命。

（3）制动片的检查

制动片要与制动盘接触摩擦，因此会逐渐磨损，当磨损到极限位置时，必须更换，否则会使制动片的钢板与制动盘接触，损坏制动盘，以致降低制动力，甚至造成安全事故，如图1-50所示。

图1-49　制动片实物

图1-50　磨损后的制动片

同一车轮上即使只有一个制动片磨损超限，也必须更换一组制动片。如果制动片出现不均匀磨损，则必须彻底检查制动系统。

二、鼓式制动器

如图1-51所示，制动鼓是鼓式制动器的旋转部件，它与制动蹄上的摩擦片直接接触。制动鼓是由铸铁或铸铁和钢的复合材料制成的，而其摩擦面是铁质的。

制动蹄的作用与制动片的作用基本相同，只是安装位置和工作方式有所差异，如图1-52所示。制动蹄由钢支撑板和摩擦片组成。制动时，摩擦片与制动鼓接触，产生制动力，从而使车轮转速降低。

三、驻车制动器

1. 驻车制动器的作用

驻车制动器的作用就是在车辆停稳后使其保持静止状态，避免车辆在有一定坡度的路面上停止时溜车。

图1-51　鼓式制动器实物

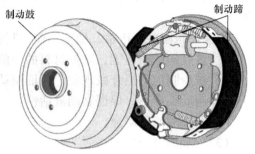

图1-52　鼓式制动器结构

　　驻车制动器与液压制动（行车制动）系统是分开的，它由机械或电动方式控制，驾驶人通过驻车制动操纵杆（或按钮）来操作，如图1-53所示。

2. 驻车制动器形式

（1）鼓式驻车制动

　　如图1-54所示，鼓式驻车制动器的拉索向前拉动驱动臂，将驱动臂楔入主动蹄和从动蹄之间，进而使两个制动蹄顶住制动鼓，实现驻车制动功能。

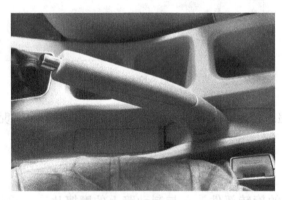

图1-53　驻车制动操纵杆

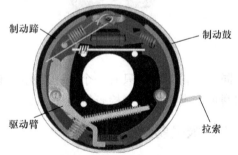

图1-54　鼓式驻车制动器

　　（2）"盘中蹄"式驻车制动

　　如图1-55所示，"盘中蹄"式驻车制动器在后轮制动盘的中心部位设计有制动鼓。驾驶人拉起驻车制动操纵杆时，拉索拉动驱动臂，驱动臂推动两个制动蹄顶住制动盘上的制动鼓。

　　（3）盘式整体驻车制动

　　图1-56所示为盘式整体驻车制动器。驾驶人拉起驻车制动操纵杆后，在拉索的作用下，卡钳活塞调整器螺钉会转动伸出，使活塞动作，推动制动片压向制动盘，实现驻车制动。

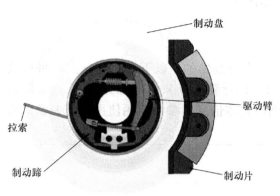

图 1-55　"盘中蹄"式驻车制动器

图 1-56　盘式整体驻车制动器

第五节　正确实施保养工作

一、车辆定期保养

1. 定期保养的意义

定期进行保养可确保车辆的安全性，使其性能恢复到原有状况，同时及时发现车辆存在的隐患，避免小故障变成大故障，保证车辆的运行经济性，有效地延长车辆的使用寿命。

五菱汽车在保修保养手册内规定了车辆需要定期保养的项目及注意事项，如图 1-57 所示。

2. 保养在车辆维修业务中所占比例

由图 1-58 可知，五菱汽车经销商的保养业务量占到售后服务总业务量的近 80%。可见保养业务在车辆服务行业中占有举足轻重的地位，因此必须给予高度重视，扎实掌握与保养相关的技能知识和业务流程知识。

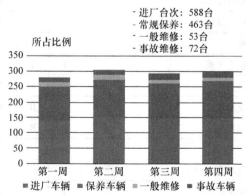

图 1-57　保养手册　　　　图 1-58　五菱汽车经销商保养业务所占比例

常规保养作为占有入场台次50%以上的服务项目，必须给予高度重视，只有不断提高服务能力和服务质量，才能达到用户日益增长的期望值。

二、涉及保养周期的项目

五菱汽车常规保养工作是以每5000km行驶里程为基础的。以下介绍五菱汽车每行驶1万km的常规保养项目（为方便学习，同时介绍了每行驶2万km/2年的附加检查项目）。五菱汽车的保养周期可能因车型不同而有所区别，具体信息请参考车辆使用说明书或维修手册。

1. 五菱汽车定期保养项目（图1-59）

五菱汽车的保养项目一般分为以下部分：

1）发动机系统保养与检查。

2）传动系统保养与检查。

3）电气系统保养与检查。

4）车辆底盘系统保养与检查。

2. 五菱汽车定期保养检查单

五菱汽车定期保养检查单见表1-2。

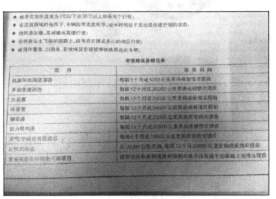

图1-59 定期保养项目

表1-2 五菱汽车定期保养检查单

		时间或里程（以先到者为准）										
间隔	月	1	6	12	18	24	30	36	42	48	54	60
项目	里程（×1000km）	1	10	20	30	40	50	60	70	80	90	100
更换类												
机油		I	R	R	R	R	R	R	R	R	R	R
机油滤清器		I	R	R	R	R	R	R	R	R	R	R
燃油滤清器		I	I	I	I	R	I	I	I	R	I	I
空气滤清器滤芯		I	I	I	I	R	I	I	I	R	I	I
空调滤清器滤芯		I	I	I	I	R	I	I	R	I	I	I
火花塞		I		I		R		I		R		I
发动机冷却液		I	I	I	I	I	I	R	I	I	I	I
制动液		I	I	I	I	I	I	R	I	I	I	I
手动变速器油		I	R	I	I	I	I	R	I	I	I	I
后桥润滑油		I	R	I	I	R	I	I	R	I	I	R
检查类												
进排气歧管的状态		I		I		I		I		I		I
传动带及张紧轮		I		I		I		I		I		I
冷却系统管路和接头		I	I	I	I	I	I	I	I	I	I	I
紧固发动机悬置螺栓		I	I	I	I	I	I	I	I	I	I	I

（续）

间隔	时间或里程（以先到者为准）										
	月	1	6	12	18	24	30	36	42	48	54	60
项目	里程（×1000km）	1	10	20	30	40	50	60	70	80	90	100
检查类												
发动机线束、各种传感器		I		I		I		I		I		I
节气门体和曲轴箱强制通风系统状况		I	I	I	I	I	I	I	I	I	I	I
燃油管路和接头		I	I	I	I	I	I	I	I	I	I	I
燃油箱、炭罐		I	I	I	I	I	I	I	I	I	I	I
转向盘和转向传动机构		I	I	I	I	I	I	I	I	I	I	I
驻车制动功能和行程		I	I	I	I	I	I	I	I	I	I	I
离合器和制动踏板工作状态		I	I	I	I	I	I	I	I	I	I	I
制动管路		I	I	I	I	I	I	I	I	I	I	I
制动盘/鼓工作组件		I	I	I	I	I	I	I	I	I	I	I
传动系统及护套		I	I	I	I	I	I	I	I	I	I	I
弹簧和减振器		I	I	I	I	I	I	I	I	I	I	I
轮胎状况和胎压（含备胎）		I	I	I	I	I	I	I	I	I	I	I
轮胎换位		I	I	I	I	I	I	I	I	I	I	I
紧固车轮螺母		I	I	I	I	I	I	I	I	I	I	I
紧固底盘和车身底部螺栓、螺母		I	I	I	I	I	I	I	I	I	I	I
安全带、扣环和支撑座的状态和功能		I		I		I		I		I		I
门锁、铰链、限位器，必要时进行润滑		I	I	I	I	I	I	I	I	I	I	I
空调系统及冷媒量		I	I	I	I	I	I	I	I	I	I	I
照明及信号装置		I	I	I	I	I	I	I	I	I	I	I
风窗玻璃清洗系统		I	I	I	I	I	I	I	I	I	I	I
蓄电池		I	I	I	I	I	I	I	I	I	I	I

注：R 代表更换，I 代表检查。

三、定期保养前的车辆与工具准备

1. 工具准备

五菱汽车公司为定期保养工作配备了较为完善的固定式保养常用工具柜。

此外，为保证维修质量，给每一个维修小组配备了功能齐全、质量优良的移动式工具车，如图 1-60 所示。该工具车能满足日常绝大多数任务的需求，内有进行快速保养所需的所有测量工具、清洁工具及检测工具。

2. 常规保养材料的准备

技师需要根据维修工单或保养清单的要求，从备件部领取相应的常规保养材料。按照维修工单保养项目，提前准备好配件/耗材，并摆放整齐，如图 1-61 所示。

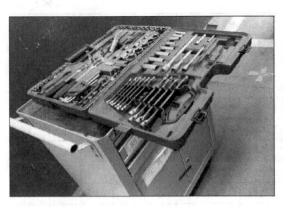

图 1-60　保养工具的准备

图 1-61　常规保养材料的准备

第二章 动力系统保养与检查

● **学习要点：**

1）五菱发动机保养与检查。
2）五菱变速系统保养与检查。

● **学习目标：**

1）能够对五菱发动机进行保养与检查。
2）能够对五菱变速系统进行保养与检查。

第一节 发动机系统保养与检查

一、发动机外观检查项目

每次保养时都需对发动机的外观进行检查，及早发现问题，避免故障扩大和升级。需要检查进气管、冷却液管、燃油管、空调管的外观，检查线束、插接器等的连接及固定情况（注意管路及线束不要发生机械干涉）。

1. 发动机管路的检查

检查发动机外露的所有管路连接是否有松动，与其他管路或零件是否发生干涉。

检查各连接管路是否存在泄漏及损坏，检查线束插接器是否存在松旷、锈蚀，检查橡胶软管有无破损、裂纹等，如图2-1所示。

2. 油液渗漏的检查

发动机舱内的油液渗漏，轻则导致工作不良，重则可能导致灾难性事故（如汽油泄漏），因此在进行外观检查时，对各种油液的检查显得尤为重要，发动机舱内的油液包括机油、冷却液、变速器油和制动液等。

检查发动机各部位是否存在机油、冷却液、变速器油、制动液泄漏、渗漏等现象，

图2-1 发动机管路的检查

如图2-2所示，并根据油液的新鲜程度判断发生泄漏的时长。

注意：发现油液泄漏需马上进行处理（尤其是燃油系统）。

二、润滑系统保养

1. 机油排放

更换机油是最常见的车辆保养工作，更换前需要排放旧机油。

25

对机油口盖周围进行清洁后，将其拧下，如图2-3所示，放置到合适的工具车上。

图2-2　检查发动机油液渗漏

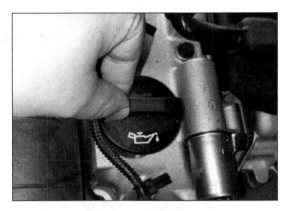

图2-3　拧下机油口盖

将车辆举升到合适的高度后，拧下油底壳放油螺塞，将旧机油排放到专业的机油收集器中，如图2-4所示。

旧机油排净后，将放油口和放油螺塞擦干净，更换放油螺塞的垫圈。最后，使用合适的工具把放油螺塞紧固到规定力矩，如图2-5所示。

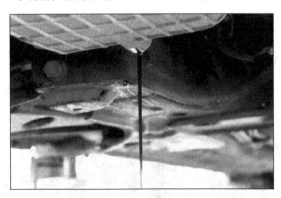

图2-4　旧机油的排放

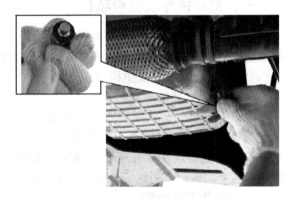

图2-5　拧紧放油螺塞

2. 更换机油滤清器滤芯

机油滤清器主要的作用就是过滤机油中的杂质，从而保证机油达到最佳的润滑效果。

找到机油滤清器的安装位置，清除机油滤清器周围的灰尘和碎屑，在机油滤清器的下面放一个合适容量的容器，使用机油滤清器扳手卸下旧机油滤清器，如图2-6所示。

注意：在拆下机油滤清器后，一定要检查安装表面，确保把旧密封圈取下。

在新机油滤清器的密封圈上涂薄薄的一

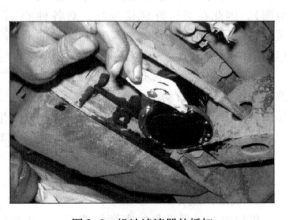

图2-6　机油滤清器的拆卸

层机油。然后用手把新机油滤清器拧到位，再用专用工具将其拧紧到规定力矩，如图2-7所示。

3. 机油加注

更换完机油滤清器后，就可通过机油加注口向发动机内部添加新机油。

将新机油倒入机油加注口内，如图2-8所示。

注意：加注机油时不要拔出机油尺，机油加注量请参考发动机及车型技术参数或规格要求。

图2-7 机油滤清器的安装

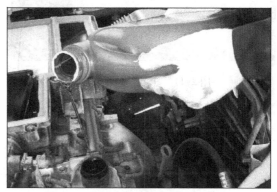

图2-8 加注机油

4. 机油油位检查

机油过多会影响发动机正常运行，增加其运行阻力，机油过少会造成发动机润滑不良或损坏，因此加注新机油后还需要对其加注量进行检查。

将车辆停放到水平地面后，起动发动机2~3min，如图2-9所示，同时检查发动机放油螺塞和机油滤清器处是否有机油泄漏现象，然后关闭发动机等待约3min。

拔出机油尺，使用干净的抹布将机油尺上的机油擦拭干净，然后将机油尺重新插入到油尺管中，如图2-10所示。

注意：机油尺一定要插到油尺管底部。

图2-9 起动发动机

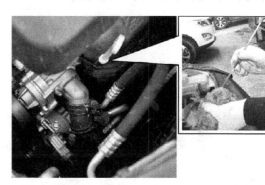

图2-10 拔插机油尺

再次拔出机油尺检查机油油位，油位应处于最下限与最上限的中间位置，若不足或超出则应进行处理，如图2-11所示。

图 2-11　机油油位的检查

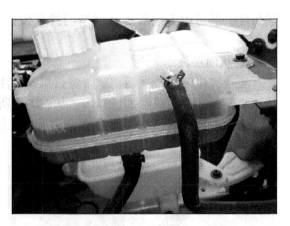

图 2-12　冷却液液位的检查

三、冷却系统保养

1. 冷却液液位检查

冷却液缺失可能导致发动机温度过高、拉缸等严重故障。

冷却液的液位必须保持在储液罐上的最大刻度与最小刻度之间,若发现冷却液的液位较低,则应及时添加,如图 2-12 所示。

待发动机温度降低到可用手触摸的温度后,小心地缓慢拧开储液罐盖,释放冷却系统压力,再添加冷却液至最大刻度处。运行发动机至温度正常后再次冷却,复查冷却液液位,若有必要则再添加。

2. 冷却液冰点的检查

冷却液冰点过低可能导致发动机缸体、缸盖和散热器等零部件冻裂。

SGMW 为经销商提供了专业的冰点检测工具,如图 2-13 所示。使用冰点测试仪对冷却液的冰点进行测试。

先清洁测试仪的测试玻璃面板,再抽取一定量的冷却液,滴到测试玻璃面板上,然后盖上测试仪盖玻片,如图 2-14 所示。

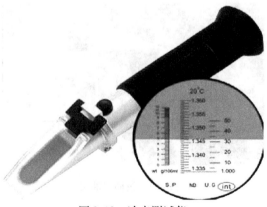

图 2-13　冰点测试仪

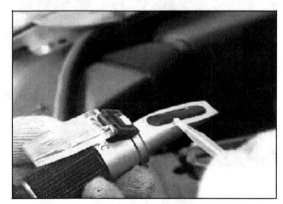

图 2-14　将冷却液滴到测试玻璃面板上

通过测试仪的观察窗口看分界线的位置，即冷却液冰点，如图 2-15 所示。

如果冷却液的浓度低于环境所需的抗冻标准值，则需要更换冷却液。

3. 冷却液的更换

若冷却液使用周期超标，或冰点达不到运行环境要求，则需要更换。

确保冷却液温度降低到不会对人体造成伤害的程度后，缓慢拧开储液罐盖，如图 2-16 所示，释放冷却系统压力，同时保证排放冷却液时不会产生真空。

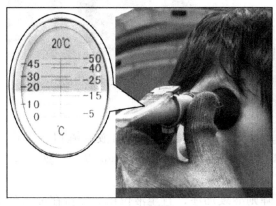　　　　　　　　　　　　　　　　

图 2-15　冷却液冰点的检查　　　　　　图 2-16　拧开储液罐密封盖

在散热器放液螺塞的下方放好水盆，然后拧开散热器放液螺塞，排净散热器中的所有冷却液，如图 2-17 所示。

当散热器中无冷却液流出时，将冷却液储液罐盖拧紧，如图 2-18 所示，为排净发动机中的冷却液做准备。

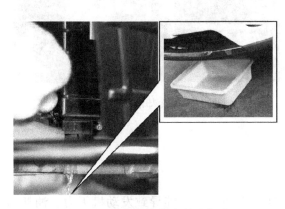
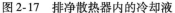　　　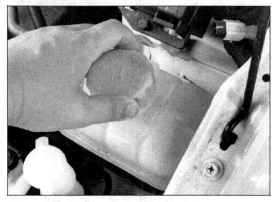

图 2-17　排净散热器内的冷却液　　　　图 2-18　拧紧储液罐盖

拆卸发动机与散热器之间连接的上水管，如图 2-19 所示。

将高压吹枪对准上水管连接到发动机的一端，向内吹高压空气，如图 2-20 所示，将发动机中的剩余（残存）冷却液排净。当散热器放液口不再有冷却液流出时，将散热器的放液螺塞拧紧，并装复上水管。

图 2-19　拆卸发动机与散热器之间的上水管

图 2-20　用高压空气吹出发动机内的冷却液

4. 冷却液的加注

缓慢地将冷却液加注到冷却液储液罐中，直至冷却液液位接近储液罐罐口，等待约30s，若冷却液液位下降，则继续加注，直至冷却液液位可稳定保持 2min 以上，如图 2-21所示。

起动发动机，怠速运行，若冷却液液位下降则继续加注，直至液位稳定保持在最大刻度处，如图 2-22 所示。

图 2-21　冷却液的加注

图 2-22　冷却液的补充加注

四、进气、燃油系统保养

1. 空气滤清器的更换

空气滤清器有使用寿命，如果不能定期清洁或更换，则可能导致发动机无力、油耗高，严重时甚至会损坏发动机。

使用合适的工具拧下空气滤清器壳盖的紧固螺栓，如图 2-23 所示，取出旧空气滤清器。

对空气滤清器壳内部进行清洁后，放入新空气滤清器，如图 2-24 所示，观察空气滤清器密封胶条是否入位，将空气滤清器壳盖紧固螺栓及卡扣安装到位，同时安装相关附件及空气连接管，起动发动机检查是否存在漏气现象。

图 2-23 拆卸空气滤清器壳 　　　　　　　　图 2-24 更换空气滤清器

2. 燃油滤清器的更换

燃油系统的功用是根据发动机运转工况，向发动机供给一定量的、清洁的、雾化良好的燃油，使其与一定量的空气混合形成可燃混合气。同时，燃油系统还需要储存一定量的燃油，以保证汽车有足够的续驶里程。

由于燃油系统具有一定的初始压力，在对汽车发动机燃油系统进行保养前，需要先释放燃油系统的残余压力，否则喷溅的燃油可能导致火灾。

拆卸燃油滤清器前，关闭点火开关，拆下燃油泵熔断器，如图 2-25 所示，起动发动机，怠速运转直至发动机自行熄火，再次起动发动机约 5s，最后关闭点火开关。

拆下燃油滤清器后，使用干净抹布吸收溢出的燃油，按压燃油滤清器卡扣，当卡扣与连接滤清器的油管脱开后，取下旧燃油滤清器，如图 2-26 所示。

注意：防止出现静电、明火等容易导致火灾的隐患。

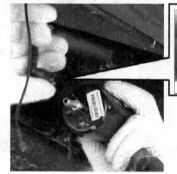

图 2-25 拆卸燃油泵熔断器 　　　　　　　　图 2-26 拆卸燃油滤清器

取下燃油滤清器后，先检查燃油管路密封件，若密封件破损则要更换。检查新滤清器与所更换配件是否匹配，然后按照滤清器外壳上的液体流动方向标记安装。

注意：安装完成后，应能听到"咔"的一声，这表明已安装到位。用手向外拉动燃油管，其不应与燃油滤清器脱开，如图 2-27 所示。

燃油滤清器安装完成后，需打开－关闭点火开关数次，使燃油系统建立压力，同时观察燃油滤清器是否泄漏，燃油管路和滤清器的连接处是否渗漏，并再次确认燃油滤清器安装可靠，然后起动发动机再次检查，如图2-28所示，若无异常则将其余附件复位。

图2-27　燃油滤清器的安装　　　　　　　　图2-28　燃油滤清器的检查

五、点火系统保养

随着汽车发动机运行时间的增长，火花塞的电极间隙会逐渐增大，造成放电（即产生火花）困难，影响发动机的正常工作，因此需要定期检查和更换火花塞。

待发动机冷却后，使用合适的工具拆卸发动机装饰盖及相关附件，如图2-29所示。

拆卸点火线圈线束插接器及点火线圈，如图2-30所示。

注意：拆卸点火线圈时需要对点火线圈周围进行清洁。

图2-29　拆卸发动机装饰盖　　　　　　　　图2-30　拆卸点火线圈

使用合适的火花塞拆卸工具拆卸火花塞，如图2-31所示，取出火花塞后需用干净棉布将火花塞孔堵住，以防止异物进入气缸。

注意：拆卸火花塞前需使用高压空气或风枪对火花塞安装孔处进行清洁。

将新火花塞的接线端插入到合适的橡胶管中（通常也可借助原车点火线圈安装）。沿着火花塞安装孔壁将新火花塞滑入孔中，旋转橡胶软管（或点火线圈），将火花塞预紧入螺纹中。使用火花塞紧固工具将火花塞拧紧至规定力矩，将发动机装饰盖等附件复位。安装完成后起动发动机检查运转状况，如图 2-32 所示。

图 2-31　拆卸火花塞　　　　　　　　图 2-32　拆卸/安装火花塞

六、发电机传动带保养

1. 发电机传动带的检查

对传动带的外观及张紧度进行检查。当发现传动带严重磨损、老化、开裂、断齿时，需要更换新传动带，如图 2-33 所示。

用 98N 的力按压传动带，新传动带变形量应为 7 ~ 11mm，旧传动带变形量应为 11 ~ 13mm，如图 2-34 所示。

图 2-33　传动带的检查　　　　　　　图 2-34　传动带张紧度的检查

2. 发电机传动带的更换

更换传动带时，需检查传动带张紧轮是否异常，若存在问题则一并更换。

将车辆举升到合适的工作高度，拆卸发动机右侧下护板。使用合适的扳手转动张紧轮紧固螺栓，使发电机传动带失去张紧力，并顺势拆下，如图 2-35 所示。

观察新发电机传动带字母标记或方向标记，如图 2-36 所示，应与发动机曲轴旋转方向一致。

图2-35　发电机传动带的拆卸

图2-36　发电机传动带字母标记或方向标记

用合适的扳手转动传动带张紧轮螺栓，将新发电机传动带套装到曲轴传动带轮、发电机传动带轮、空调压缩机带轮及惰轮上，如图2-37所示。

注意：传动带平滑面与惰轮平滑面接触，传动带齿形面与发电机带轮、空调压缩机带轮的棱角面接触。

图2-37　传动带的安装

第二节　变速系统保养与检查

车辆的变速系统一般由离合器、变速器、万向传动装置、主减速器、差速器和半轴等组成，其基本功用是将发动机的动力传递给驱动轮，产生驱动力，使汽车以一定速度行驶。对变速系统的保养，主要是针对变速器、差速器和传动装置进行的，目前的五菱汽车大多采用手动变速器，因此本章主要介绍手动变速器的保养。

一、变速器保养

五菱汽车大多配置手动变速器，保养时需要对变速器的外观、变速器油油位进行检查，同时视情况更换变速器油。

1. 变速器外观的检查

检查变速器是否漏油，换档拉索是否松动，相关线束插头是否松动或腐蚀，如图2-38所示。

2. 变速器油油位的检查

为保证手动变速器正常运行，每次保养时都要对变速器油油位进行检查。

将车辆举升到合适的工作高度后，使用合适的工具拧下油位检查孔螺塞，如图2-39

所示。

注意：油位检查孔螺塞为一次性配件，拆卸后需更换。

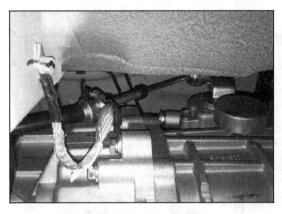

图 2-38　换档拉索的检查　　　　　图 2-39　拆下油位检查孔螺塞

有变速器油从检查孔流出就说明变速器油油位正常。同时检查变速器油的颜色及品质，如果颜色改变过大或存在焦煳味则应检修变速器，如图 2-40 所示。

注意：变速器油油位检查需要在冷态下进行。

3. 变速器油的更换

SGMW 规定手动变速器油每 3 年或行驶 6 万 km 更换一次。

使用合适的工具拧下变速器油底壳放油螺塞，如图 2-41 所示，操作过程会有变速器油流出，应使用集油器收集。当变速器油完全流净后，重新紧固变速器油底壳放油螺塞，紧固力矩为 30N·m。

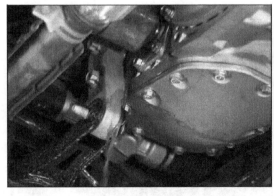

图 2-40　变速器油的检查　　　　　图 2-41　拆卸放油螺塞

通过油位检查孔加注新变速器油，如图 2-42 所示，直至有变速器油从检查孔溢出为止，安装新检查孔螺塞，紧固到规定力矩。

二、差速器保养

1. 差速器油油位检查

差速器油有助于防止锈蚀、减小噪声和减少磨损，如果差速器油不足，则可能导致差速器异响、磨损加剧，极端情况下甚至会出现烧毁的严重事故。

将车辆举升到合适的工作高度，拧下检查油孔螺塞。若有差速器油从孔中流出则说明差速器油油位正常，如图2-43所示。

图2-42　变速器油的加注　　　　　　　　　图2-43　差速器油位位检查

2. 差速器油的更换

五菱汽车的差速器油需要定期更换。

熄灭发动机，待差速器油冷却后，将车辆举升到工作高度。将集油器置于差速器下方，拧下放油孔螺塞，如图2-44所示，将差速器油排放到集油器中。当差速器油呈滴状流下时，按照规定力矩紧固放油孔螺塞，同时更换新密封垫。

注意：注意检查差速器油的颜色是否正常，以及其中是否有金属屑。

通过油位检查孔加注新差速器油，如图2-45所示，直至有差速器油从检查孔溢出为止，安装新油位检查孔螺塞，紧固到规定力矩。

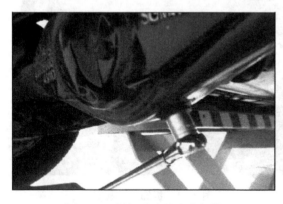

图2-44　拆卸油液检查孔螺栓　　　　　　　图2-45　差速器油的加注

三、传动轴检查

传动轴的作用是将动力传递至后桥，进而驱动后轮转动。传动轴出现故障后，车辆可能失去行驶能力，在某些情况下还会产生噪声、抖动等异常现象。

1. 传动轴连接器的检查

变速器输出轴法兰与传动轴相连，如果连接螺栓损坏或松动，则可能产生异响、振动，严重时还会造成车辆无法正常行驶，因此需要对传动轴连接器进行检查，如图 2-46 所示。

检查传动轴连接螺栓是否松动，传动轴管是否凹陷变形，中间支撑轴承是否松旷或异响，传动轴连接花键是否松动。

2. 传动轴润滑情况检查

五菱汽车的传动轴上安装有万向节和传动轴中间支座，这些部件内都需要使用润滑脂进行润滑，因此在进行定期检查时还需要关注是否存在润滑脂泄漏的情况。

举升车辆，注意保留足够的检查空间，检查传动轴万向节处是否出现润滑脂渗漏现象，如图 2-47 所示，检查传动轴中间支座润滑脂是否有泄漏，检查传动轴与变速器、差速器连接处是否存在泄漏现象，如有泄漏，则更换密封圈（油封）或传动轴。

图 2-46　传动轴的检查

图 2-47　万向节润滑脂泄漏情况的检查

第三章　底盘系统保养与检查

- ● **学习要点：**

  1) 五菱汽车转向系统保养与检查。
  2) 五菱汽车悬架系统保养与检查。
  3) 五菱汽车车轮与轮胎保养与检查。
  4) 五菱汽车底盘系统保养与检查。
  5) 五菱汽车制动系统保养与检查。

- ● **学习目标：**

  1) 能够对五菱汽车转向系统部件进行保养与检查。
  2) 能够对五菱汽车悬架系统部件进行保养与检查。
  3) 能够对五菱汽车车轮与轮胎进行保养与检查。
  4) 能够对五菱汽车底盘部件进行保养与检查。
  5) 能够对五菱汽车制动系统部件进行保养与检查。

第一节　转向系统保养与检查

1. 转向柱高低调节检查

将转向盘下的调节杆朝仪表板方向推，当转向柱伸/缩到合适位置时，拉回调节杆，锁定转向柱，确保转向柱稳固，如图3-1所示。

2. 转向盘自由行程的检查

在发动机熄火状态下，顺时针/逆时针轻轻转动转向盘，直到感到有轻微阻力为止，这段行程就是转向盘的自由行程。转向盘有轻微的"松旷"感是正常的，如果自由行程过大，则表明转向系统有故障，需进一步检查与维修，如图3-2所示。

注意：转向盘自由行程在10°~15°范围内属正常。

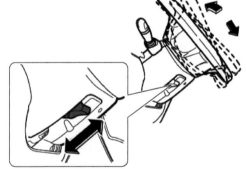

图3-1　转向柱高低调节检查

3. 转向机密封衬套的检查

五菱汽车大多采用齿轮齿条式转向机，其中齿条通过密封套保护，密封套破损后可能使异物进入，导致锈蚀和过度磨损等。

检查齿条内外密封套是否损坏，固定是否牢靠，如图3-3所示。

38

图 3-2　转向盘自由行程的检查

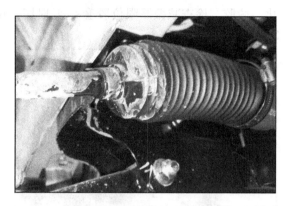

图 3-3　转向机密封套的检查

4. 转向拉杆球头的检查

随着车辆使用时间的增加，转向系统也会出现磨损，转向拉杆球头磨损过度会导致车辆行驶不稳、定位失准和轮胎异常磨损等现象。

将车辆举升到工作高度后，先观察球头防尘套是否损坏，必要时更换。然后一人转动轮胎，另一人观察内、外转向拉杆球头的动作情况，最终确定其旷量，如图3-4 所示。

图 3-4　转向拉杆球头旷量的检查

第二节　悬架系统保养与检查

汽车悬架通常由弹性元件、导向机构和减振器等部件构成，主要功用是缓和不平路面对车身的冲击，提高驾乘舒适性。

一、前悬架系统检查

五菱汽车采用的是麦弗逊式独立前悬架，相对非独立悬架而言更复杂，因此检查项目较多。

1. 前轮轴承间隙的检查

前轮轴承间隙过大易造成车辆制动时转向盘抖动、行驶过程中噪声过大等故障，因此保养时需要对轴承的轴向间隙和径向间隙进行检查。

将车辆举升到合适的工作高度后，用手在轮胎的上下位置轻微晃动，如图3-5 所示。如果有间隙，则需更换前轮轴承。

用手转动车轮，正常情况下应转动平稳，无卡滞或异响，若有异常则应更换车轮轴承，如图3-6 所示。

2. 减振器的检查

检查前悬架减振器是否漏油，减振器支座是否损坏。检查减振器密封套是否开裂、老化、脱胶。检查减振器限位胶套是否损坏，螺旋弹簧是否错位、疲劳、开裂和变形，如图3-7所示。

图 3-5　前轮轴承间隙的检查

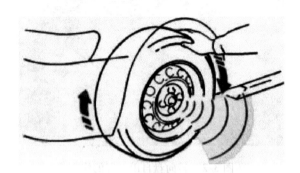

图 3-6　轴承异响的检查

3. 摆臂与支撑臂的检查

检查摆臂、支撑臂是否弯曲变形，摆臂内侧密封套是否撕裂、开胶，转向节是否变形、开裂或发生机械干涉等问题，如图3-8所示。

图 3-7　前减振器的检查

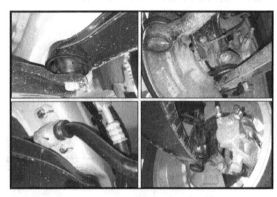

图 3-8　摆臂与支撑臂的检查

二、后悬架系统检查

五菱汽车的后悬架采用的是非独立悬架，检查项目与前悬架系统类似，操作方法较简单。

1. 减振器的检查

检查后悬架减振器是否漏油，减振器支座是否损坏。检查减振器密封套是否开裂、老化或脱胶，减振器限位胶套是否损坏，如图3-9所示。

2. 后螺旋弹簧的检查

图 3-9　后减振器的检查

检查螺旋弹簧有无错位、变形、疲劳。检查弹簧座衬垫有无变形、脱位，如图 3-10

所示。

3. 连杆与稳定杆的检查

检查连杆是否存在间隙，稳定杆支座是否损坏，密封套是否磨损、硬化、开裂或松旷，如图 3-11 所示。

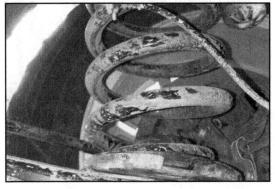

图 3-10　后螺旋弹簧的检查

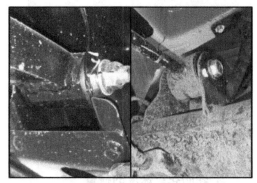

图 3-11　连杆的检查

第三节　车轮与轮胎保养

车轮的检查项目主要包括轮胎的外观、轮胎花纹深度及磨损情况、轮胎气门嘴、轮胎压力、车轮螺栓拧紧力矩等。

1. 轮胎外观的检查

检查轮胎表面是否有异常磨损、变形。检查轮胎花纹内是否夹有异物，是否达到磨损极限等。

1）胎侧损伤。轮胎胎侧损伤是轮胎损伤中较严重的一种，出现此类损伤后应及时更换轮胎，如图 3-12 所示，不得补胎。

2）胎肩损伤。轮胎胎肩损伤是轮胎损伤中较严重的一种，出现此类损伤后应及时更换轮胎，如图 3-13 所示，不得补胎。

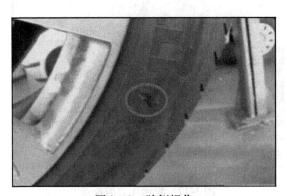

图 3-12　胎侧损伤

图 3-13　胎肩损伤

3）轮胎鼓包。轮胎鼓包是轮胎损伤中较严重的一种，出现此类损伤后应及时更换轮胎，如图 3-14 所示，不得补胎。

4）异物扎入损伤。异物扎入轮胎后需尽快进行处理，避免损伤扩大，如图3-15所示。根据扎入异物的大小和截面积及扎入位置，视情况补胎或换胎。

图3-14 轮胎鼓包

图3-15 异物扎入轮胎

2. 轮胎花纹深度的检查

轮胎花纹的深度反映了轮胎可继续使用的时间/里程。如果磨损达到一定的限度则必须更换新轮胎。

使用专用工具进行轮胎花纹深度检查，旋转轮胎，取磨损严重处进行测量，如图3-16所示。

注意：轮胎花纹磨损极限为1.6mm。

3. 轮胎压力的检查与调整（图3-17）

轮胎的压力不仅关系到行车安全，还影响着燃油经济性、乘坐舒适性、轮胎使用寿命和方向稳定性。因此必须在每一次保养时进行轮胎压力检查和调整。

SGMW推荐的轮胎气压一般可通过用户手册、维修手册查询到。此外，在车辆的右侧B柱上也贴有轮胎气压信息标签。

轮胎气压在热态、冷态下的标准是不同的。车辆停放时间超过1h后属于冷态，行驶里程大于3km属于热态。热态轮胎气压一般高于冷态气压约30kPa。

图3-16 轮胎花纹深度的检查

图3-17 轮胎压力的检查

4. 轮胎气门嘴的检查

轮胎气门嘴是容易被忽视的需检查部件，但其对行车安全有很大影响。

使用肥皂水涂抹气门嘴，检查是否漏气，如图3-18所示。

5. 车轮螺栓拧紧力矩的检查

紧固车轮螺栓时需要按照一定的顺序进行，具体要求请参照五菱汽车维修手册，如图3-19所示。

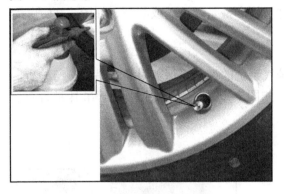 

图 3-18 轮胎气门嘴的检查 　　　　　　　　图 3-19 车轮螺栓紧固顺序

第四节　底盘附件的检查

一、车底护板和隔热板检查

1. 车底护板的检查（图3-20）

五菱汽车的底部安装有发动机护板、管路护板及散热器护板，这些护板能起到防水、防污，降低空气阻力，减小行车噪声的作用。保养时需要对它们进行检查。

具体应检查护板是否遗失、损坏和松动等，必要时进行维修或更换。

2. 底盘隔热板及三元催化转化器的检查

五菱汽车排气系统的上方安装有隔热板。隔热板能降低火灾风险，减弱炽热废气对车内温度以及燃油箱和备胎架的影响。

检查三元催化转化器的外观是否存在锈蚀、氧化或者泄漏的故障，如图3-21所示，必要时需进行更换。

 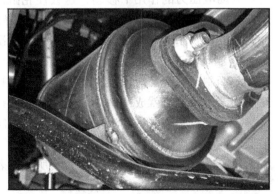

图 3-20 车底护板的检查 　　　　　　　　图 3-21 三元催化转化器的检查

二、排气管和吊耳检查

1. 排气管的检查

检查排气管是否有磕碰变形或出现泄漏（包括锈蚀产生的孔洞），产生排气噪声。检查是否有撞击导致的排气管变形堵塞情况。检查排气管卡箍是否松动或断裂，如图3-22所示。必要时进行维修或更换。

2. 排气管吊耳的检查

排气管通过柔性吊耳与车身相连，以隔离排气系统的振动，保养时需对吊耳进行检查。

检查排气管吊耳支架是否磕碰变形或损坏，如图3-23所示，检查排气管吊耳是否有遗失、过度拉伸或扭曲变形等。

注意：必要时需对吊耳进行维修或更换。

图3-22 排气管的检查

图3-23 排气管吊耳的检查

第五节 制动系统保养

一、制动液检查

随着车辆的使用，制动摩擦片会磨损变薄，为补偿制动轮缸的非有效行程，分轮缸活塞会在制动液压力的作用下移动，这会使轮缸的工作容积增大，进而导致制动液液位下降。因此在定期保养时，如果出现制动液液位下降的情况，除要检查制动系统是否存在泄漏情况外，还要检查制动盘、制动摩擦片的磨损情况。

1. 制动液液位的检查

车辆制动系统性能在很大程度上受其工作介质——制动液的影响。因此定期或不定期地对制动液进行检查就成为制动系统保养的关键环节。

找到待检车辆的制动液储液罐，从储液罐的外面观察制动液的液位，制动液液位必须在最低刻度和最高刻度之间，如图3-24所示。若制动液液位低于最低刻度，则应检查是否是制动系统泄漏或制动摩擦片过度磨损所致。若无异常则及时添加制动液至最高刻度处。

2. 制动液的更换（两人合作完成）

车辆达到规定保养期限，或经检查确定制动液异常后，都必须更换制动液，五菱汽车保养采用的是双人更换制动液的方法。

更换制动液前需清洁制动液储液罐附近的污物，如图3-25所示，拧开制动液储液罐加注口盖。

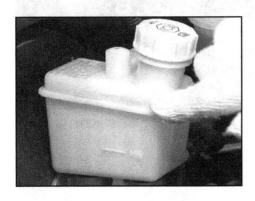

图3-24 制动液液位的检查

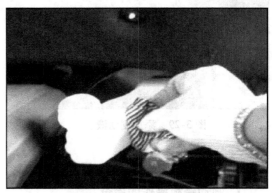

图3-25 清洁制动液储液罐

一位技师使用工具抽空储液罐内的制动液并向储液罐内添加新制动液，如图3-26所示。

另一位技师进入到驾驶室内，将车辆举升到合适高度，连续踩下制动踏板两次后，保持制动踏板的位置，如图3-27所示。

注意：不可将制动踏板踩到底。

图3-26 添加制动液

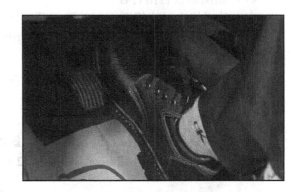

图3-27 配合踩下制动踏板

技师将合适的油管扳手或呆扳手置于右后制动轮缸的放液螺塞处。用透明橡胶管一端连接至右后制动轮缸排气孔，另一端放于废机油瓶中，用来盛放流出的制动液，如图3-28所示。

注意：制动液排放顺序为右后 – 左后，左前 – 右前。

制动液排放完成后将车辆降至地面，添加制动液至标准液位，如图3-29所示。

图3-28 制动液的排放

图 3-29　添加制动液

图 3-30　制动踏板脚感的检查

二、制动踏板检查

1. 制动踏板操作的检查

踩踏制动踏板感觉的改变往往是制动系统出现故障的前兆。踩踏五菱汽车的制动踏板时，应感到轻松、均匀，阻力应逐渐增大，而不是突然变大，如图 3-30 所示。

如果制动踏板出现"弹脚"（系统有空气）或非常僵硬（无助力或卡滞）的现象，则需要对制动系统进行检查。

2. 制动踏板高度的检查

（1）制动踏板自由行程

在发动机熄火时连续踩下制动踏板两三次，以去除制动助力器内的残余真空度，然后再踩下制动踏板，直到感觉到阻力明显（推动助力器气阀）为止，此时的踏板行程即为自由行程，初始状态标准值为 10mm，如图 3-31 所示。

注意：制动踏板自由行程会随着制动系统的使用状态而改变，例如随着制动摩擦片的磨损加剧而变大。

（2）制动踏板总行程

总行程指制动踏板从初始位置到制动主缸泄压状态的最低位置之间的行程，五菱汽车的制动踏板总行程标准值为 124mm，如图 3-32 所示。

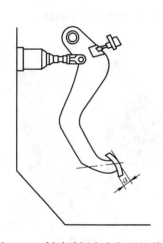

图 3-31　制动踏板自由行程的检查

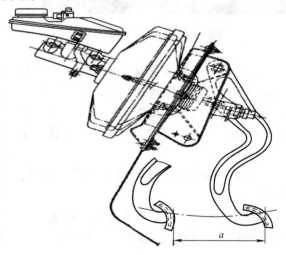

图 3-32　制动踏板总行程的检查

三、驻车制动检查

五菱汽车配备了手拉式驻车制动系统，采用机械机构拉动后制动蹄，驻车制动操纵杆或踏板与拉索相接，拉索穿过壳体接到平衡器上，平衡器上接有两根拉索，接在后轮制动器的驻车制动杠杆上。当驾驶人拉动驻车制动操纵杆时，拉索将力传递给后制动蹄，使制动蹄压在制动鼓上，防止制动鼓和车轮转动。

1. 驻车制动操纵杆功能的检查

当驻车制动操纵杆拉起时，应能在行程内任意齿数位置可靠停驻，按下驻车制动操纵杆顶端按扭，应能顺利放下操纵杆；当驻车制动操纵杆拉至第一齿位置时，驻车制动指示灯应点亮。驻车制动操纵杆放下后，驻车制动指示灯应随之熄灭。当作用在驻车制动操纵杆上的拉力达到400N时，应保证其行程在第6～9齿之间，否则需要重新调整。当驻车制动操纵杆完全放下时，后轮不应存在拖滞现象，应可自由旋转，否则需要重新调整，如图3-33所示。

2. 驻车制动操纵杆的调整

五菱汽车的驻车制动蹄片具有自调节功能，以下只针对驻车制动操纵杆的调整进行说明：

拆下仪表板，举升车辆至合适高度，完全放下驻车制动操纵杆，向外拧出调整套筒，直至驻车制动拉索完全释放。向内拧入调整套筒，直至后轮难以转动，适当再向外拧出调整套筒，直至后轮刚好可以自由旋转，向上抬起驻车制动操纵杆，降下车辆，如图3-34所示。

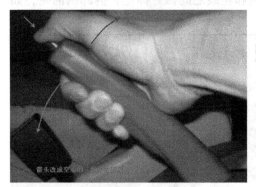

图3-33 驻车制动操纵杆的检查

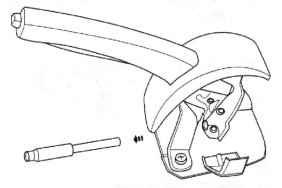

图3-34 驻车制动操纵杆的调整

3. 盘式驻车制动器的调整

拆下仪表板，松开驻车制动操纵杆处的调节螺母，起动车辆，踩下制动踏板5～10次，预紧调节螺母，用力快速拉动驻车制动操纵杆2～3次，拧紧驻车制动操纵杆处的调节螺母，使驻车制动拉臂与拉索架的间隙范围 a 在1～2mm，拧紧驻车制动操纵杆第二颗螺母，拧紧力矩为（17±2）N·m，如图3-35所示。

四、制动摩擦片检查与更换

1. 制动摩擦片厚度的检查

拆下制动片，检查制动摩擦片表面是否出现严重烧蚀或开裂等现象，如果有则需更换，

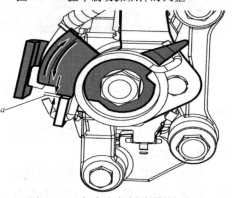

图3-35 盘式驻车制动器的调整

如图3-36所示。用游标卡尺测量制动摩擦片的金属衬板厚度（a），以及金属衬板与摩擦材料的总厚度（L），摩擦材料的厚度(b) = 总厚度（L）－金属衬板厚度（a）。

当摩擦材料厚度小于2mm时，需更换制动片。

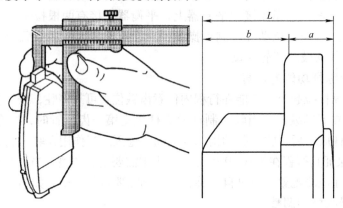

图3-36　制动片厚度的检查

2. 制动液的更换

将车辆停入工位，检查制动液储液罐中的制动液液位，如图3-37所示，如果液位高于最高刻度，则需排出部分制动液。举升车辆，在车轮和轮毂之间做好标记，拆卸两前轮，如图3-38所示。

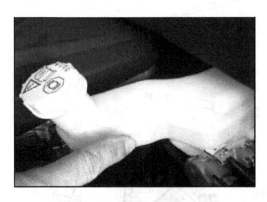

图3-37　检查制动液液位

图3-38　拆卸两前轮

拆下制动钳下导销螺栓，向上转动制动钳，并用粗钢丝或相似工具固定，如图3-39所示。

将制动片从制动钳安装托架上拆下，如图3-40所示。使用C形工具，将制动轮缸活塞拧回至制动钳孔。

将制动摩擦片固定弹簧从制动钳托架上拆下，清理制动钳托架与制动片架结合处的碎屑，检查制动卡钳导销及其护套状况，如图3-41所示。

如果制动卡钳导销移动受限、制动卡钳安装托架松动、制动卡钳导销卡死或卡滞、护套开裂或破损，则需要更换导销或护套。

图 3-39　拆下制动钳

图 3-40　拆下制动片

　　将制动卡钳固定弹簧安装到制动卡钳固定托架上，并在固定件上涂抹一层高温润滑脂，将制动摩擦片安装到制动卡钳固定托架上，如图 3-42 所示。

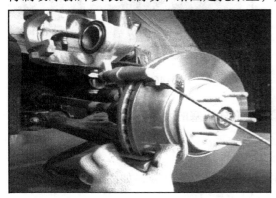

图 3-41　检查制动卡钳导销

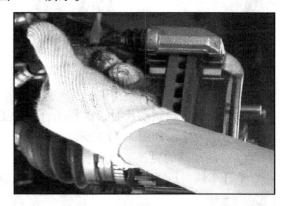

图 3-42　安装制动卡钳

　　安装新制动片、制动轮缸及相关附件，并按规定力矩紧固，如图 3-43 所示。

　　更换制动摩擦片后需在发动机熄火的情况下，连续踩下制动踏板，如图 3-44 所示，直至脚感坚实为止。再次检查制动液液位，必要时抽出或添加。安装车轮，降下车辆。

图 3-43　紧固螺栓

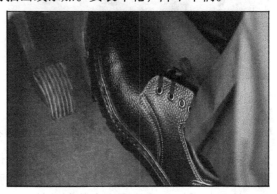

图 3-44　连续踩下制动踏板

3. 后制动摩擦片/制动蹄的更换

（1）制动摩擦片的更换

松开驻车制动操纵杆，举升车辆，如图3-45所示。拆下后车轮，在不断开制动管路的条件下，拆卸后制动卡钳总成，切勿使制动卡钳重量直接作用在制动管路上，应使用钢丝绳将制动钳吊挂在后车架上。

为补偿后轮制动摩擦片的磨损，不影响后轮驻车制动效果以及驻车制动操纵杆的位置，后轮缸活塞上设计有螺纹，如图3-46所示。

注意：禁止使用工具撬后轮轮缸来使活塞复位。

图3-45　拆卸后制动卡钳总成

图3-46　后轮轮缸活塞

在安装新后轮制动片时，需使用合适的工具对准轮缸活塞的两个凹坑，顺时针转动活塞直到转不动为止，如图3-47所示。

（2）制动蹄的更换

举升车辆，拆下后车轮，完全释放驻车制动操纵杆，拆下制动鼓，如图3-48所示。

图3-47　顺时针转动活塞

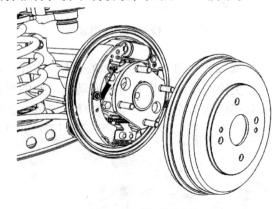

图3-48　拆下制动鼓

拆下拉紧弹簧及制动蹄靠背弹簧，如图3-49所示。

取出后制动蹄小弹簧及驻车制动拉索，把制动从蹄及驻车制动杠杆整个取出，将销轴从制动领蹄中敲出，并从制动蹄孔中取出拉紧弹簧，取出后制动领蹄，如图3-50所示。

按照与拆卸相反的顺序安装制动鼓，如图3-51所示。

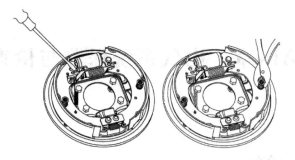

图 3-49　拆下弹簧

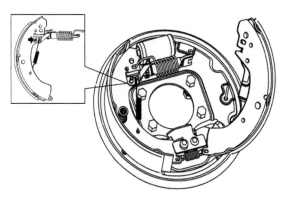

图 3-50　拆下制动蹄

图 3-51　安装制动鼓

第四章 电气系统保养与检查

- **学习要点：**

  1）五菱汽车蓄电池检查。
  2）五菱汽车灯光检查。
  3）五菱汽车刮水器与清洗系统检查。
  4）五菱汽车电气系统检查与调整。
  5）五菱汽车空调系统保养与检查。

- **学习目标：**

  1）能够对五菱汽车蓄电池进行检查。
  2）能够对五菱汽车灯光系统进行检查。
  3）能够对五菱汽车刮水系统进行检查。
  4）能够对五菱汽车车身电气系统进行检查。
  5）能够对五菱汽车空调系统进行检查。

第一节 蓄电池检查

蓄电池是汽车的静态电源，它的性能优劣直接关系到车辆是否能正常安全地运行。因此必须对蓄电池进行定期检查和保养。

一、蓄电池外观检查

五菱汽车均使用免维护蓄电池，其具有高性能、长寿命、无污染，不需要进行维护等特点，但放气孔堵塞、过度充电等会造成免维护蓄电池过早损坏。

检查蓄电池是否出现鼓包、漏液和壳体变形等情况，如图 4-1 所示，如果有任何明显的损坏则更换蓄电池。

检查蓄电池的正负电极（极柱），如图 4-2 所示，如果出现腐蚀、烧蚀、松动、过度磨损等现象，则必须及时处理。

如果发现蓄电池极柱有腐蚀，则使用细砂纸打磨清洁，紧固正/负极电缆后，在极柱上涂抹润滑脂或用专用的蓄电池极柱保护剂，防止其再次被氧化。

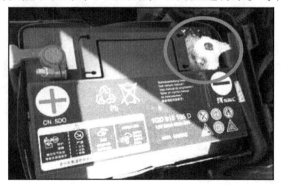

图 4-1 蓄电池的检查（一）

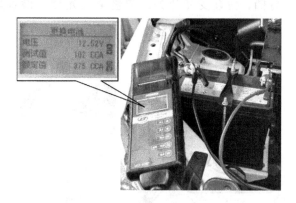

图4-2 蓄电池的检查（二）　　　　　　图4-3 蓄电池性能测试

二、蓄电池性能检查

使用专用的蓄电池检测仪对蓄电池性能进行测试，如图4-3所示。按照测试仪的使用要求，选择充电状态、冷起动电流等，测试仪最终会显示测量结果。

测试仪的测试结果大多以文字信息显示：蓄电池良好、蓄电池良好需充电、更换蓄电池、断格。

第二节　灯　光　检　查

汽车灯光系统包括照明灯，例如前照灯、雾灯等，以及信号指示灯，例如转向灯、倒车灯、制动灯等。

一、外部灯光检查

1. 灯光开关介绍

在对车前部灯光进行检查前，需要熟悉灯光开关各档位的功能。

图4-4所示为五菱CN113R灯光开关位置及开启方法。

2. 外部灯光的检查

五菱汽车的外部灯光系统包括近光灯、远光灯、转向灯、前雾灯、后雾灯、制动灯及危险警告灯，保养过程中需要对这些外部灯光进行检查。

（1）小灯的检查

打开小灯开关后，车辆前后示宽灯、牌照灯均应正常点亮，如图4-5所示。

（2）近光灯的检查

起动车辆（避免仅开启点火开关导致大电流放电），开启灯光开关，并将其旋转至前照

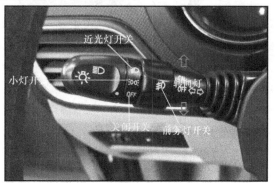

图4-4 五菱CN113R车辆灯光开关位置及开启方法

灯档，检查变光开关，调整至近光档，检查灯光有无不亮或明显暗淡现象（包括光色异常），如图4-6所示。

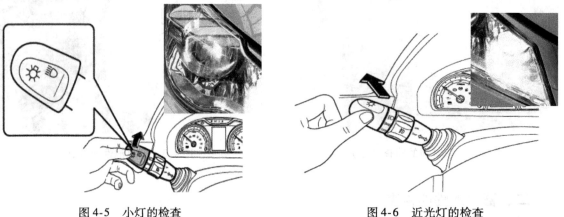

图4-5 小灯的检查　　　　　　　　　　图4-6 近光灯的检查

（3）远光灯的检查

起动车辆（避免仅开启点火开关导致大电流放电）。不开启灯光开关，直接使用超车灯档，检查灯光能否正常点亮，且处于远光状态。开启灯光开关，并将其旋转至前照灯档。检查变光开关，调整至远光档。检查灯光有无不亮，或明显暗淡现象（包括光色异常），如图4-7所示。

（4）前雾灯的检查（图4-8）

开启雾灯开关，观察雾灯是否正常点亮，并观察其亮度和光色是否正常。

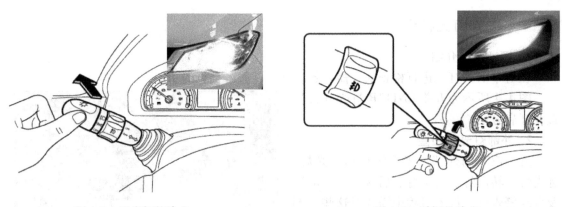

图4-7 远光灯的检查　　　　　　　　　图4-8 雾灯的检查

（5）转向灯的检查（图4-9）

起动车辆或开启点火开关。操作转向灯开关，扳至左或右转向档。左或右转向灯应持续闪烁。

（6）危险警告灯的检查（图4-10）

任何情况下都应能正常按下危险警告灯开关，且所有转向灯都应开始持续闪烁。

（7）制动灯的检查（图4-11）

一名技师在车内踩踏制动踏板，另一名技师到车后检查。车后部制动灯和高位制动灯都应点亮。检查制动灯是否存在部分不亮或亮度异常情况。

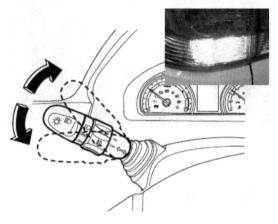

图4-9　转向灯的检查

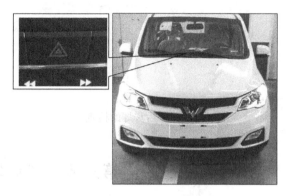

图4-10　危险警告灯的检查

（8）倒车灯的检查

开启点火开关，将变速杆挂入R位（倒档），检查倒车灯是否正常，如图4-12所示。

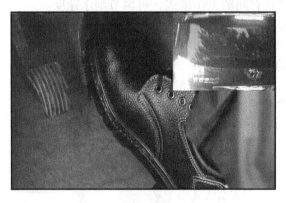

图4-11　制动灯的检查

图4-12　倒车灯的检查

（9）后雾灯的检查（图4-13）

检查后雾灯通常需要先开启示宽灯和前雾灯。观察后雾灯的工作情况。

二、内部灯光检查

五菱汽车的内部灯光系统包括阅读灯、遮阳板化妆镜灯等，保养时需要对这些灯光进行检查。

五菱汽车的阅读灯有三种点亮状态，根据阅读灯开关的不同档位检查其工作情况，如图4-14所示。

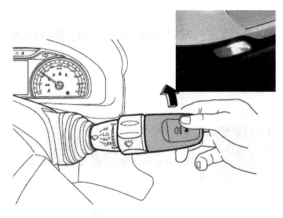

图4-13　后雾灯的检查

图4-14　阅读灯的检查

第三节　刮水与清洗系统保养

一、刮水系统检查与更换

刮水器能迅速地去除附着在风窗玻璃上的液态污物，保证驾驶人的视野清晰。

1. 刮水器功能的检查

针对五菱汽车，根据车型不同，有些刮水器具有间歇工作模式，可调节刮水速度。

前风窗玻璃刮水器有以下四个工作档位，如图4-15所示：

OFF—系统关闭，INT—间歇操作，LO—以低速连续刮水，HI—以高速连续刮水。

刮水系统还具有清洗功能，当拨动操纵杆的时间不到0.6s时，清洗器向风窗玻璃喷洒清洗液，如图4-16所示，刮水器工作两个循环。当拉动操纵杆的时间超过0.6s时，清洗器向风窗玻璃喷洒清洗液，刮水器工作三个循环或直到松开操纵杆才停止工作。

注意：不要使风窗玻璃清洗器连续工作10s以上，或在清洗液罐空置时操作，否则会导致清洗器电动机过热受损。

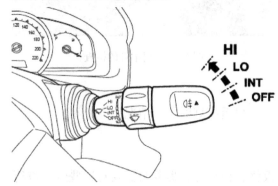

图4-15　刮水器档位的检查

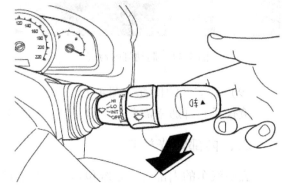

图4-16　刮水器清洗功能的检查

2. 刮水片的检查

刮水片属于易损部件，需要定期进行检查。如图4-17所示，检查前刮水片磨损情况，检查前风窗刮水区是否干净，以及前刮水片停止位置是否正常，如不正常则需更换。

3. 刮水片的更换

检查发现故障后，需更换刮水片。如图 4-18 所示，确定刮水臂处于停止位置（最低位）后关闭点火开关，将需要更换的刮水片向上抬起。

图 4-17　刮水片的检查

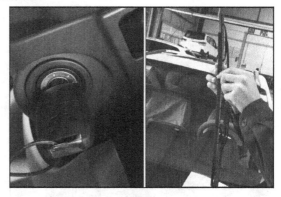

图 4-18　刮水片的更换

（1）有骨刮水片的更换

向上按压刮水片锁止卡片，顺势向外拉刮水片，将刮水片拆下，如图 4-19 所示。按与拆卸相反的顺序安装新刮水片。

（2）无骨刮水片的更换

按下固定卡夹，同时从刮水臂上拔出刮水片，将新刮水片安装到刮水臂上，如图 4-20 所示。刮水器工作时，检查其运行是否正常，是否刮干净。

图 4-19　有骨刮水片的更换

固定卡夹

图 4-20　无骨刮水片的更换

二、清洗系统检查与调整

1. 玻璃清洗液液位的检查

打开玻璃清洗液储液罐盖，检查清洗液的液位是否合适，如图 4-21 所示，如有必要添加玻璃清洗液。

2. 玻璃清洗液冰点的检查（图 2-13）

使用专用清洁布清洁冰点测试仪玻璃面板。使用专用冰点测试仪配备的液体吸管，从玻璃清洗液罐内抽取样品。把样品滴到冰点测试仪玻璃面板上，小心盖上盖玻片。通过观察孔观察样品冰点。如果玻璃清洗液的冰点低于标准，则需要将其全部抽出或喷出，然后添加符合标准的新玻璃清洗液。

3. 玻璃清洗液喷嘴的调整

发现玻璃清洗液喷嘴堵塞或方向偏转时，可使用金属针清通和调整，不可使用压缩空气清洗玻璃清洗液喷嘴，否则会损坏清洗系统，如图4-22所示。

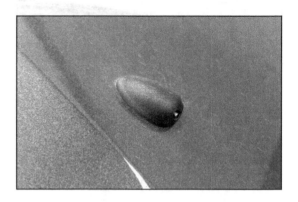

图4-21　玻璃清洗液液位的检查　　　　图4-22　玻璃清洗液喷嘴的检查

第四节　车身电气检查与调整

一、仪表与信息娱乐系统检查

1. 仪表指示灯的检查

五菱汽车的指示灯有不同的颜色，检查时需要一定技巧。

利用仪表的自检功能，检查所有故障灯是否能正常点亮，自检（或运行）后是否能正常熄灭。各种指示数据（发动机转速、车速、剩余燃油量等）是否与真实情况相符。操作多功能开关，检查仪表板上是否有对应的指示灯点亮，如图4-23所示。

2. 音响娱乐功能的检查（图4-24）

检查各种开关或调节按键是否正常，各种功能性连接是否正常，音响和导航功能是否正常。

图4-23　仪表指示灯的检查　　　　图4-24　音响娱乐功能的检查

二、中控锁与防盗功能检查

1. 遥控器的检查

当按压遥控器相应按键时，车辆中控锁系统应有相应动作。特别是按压遥控器锁止键时，转向灯应闪烁，喇叭应鸣响，如图 4-25 所示。

2. 中控锁的检查

进入驾驶室，开启/关闭中控锁开关，中控锁机构应执行相应动作，否则视为异常，应进行维修，如图 4-26 所示。

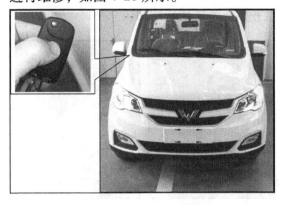

图 4-25 遥控器的检查

图 4-26 中控开关的检查

3. 钥匙的测试

在车辆外部使用钥匙开启/关闭中控锁系统，中控锁机构应执行相应动作，如图 4-27 所示。

图 4-27 钥匙的检查

图 4-28 电动车窗的检查

三、车窗与后视镜功能检查

1. 玻璃升降器的检查

开启点火开关，操纵位于驾驶人侧车门上的主控开关，对电动车窗进行检查，如图4-28 所示。

检查所有车门窗玻璃是否能随开关的动作而上升或下降。按下车窗锁键后，检查各车门的分控车窗开关是否已不能控制相应车窗玻璃。

2. 车外后视镜的检查

开启点火开关，操作位于驾驶人侧车门上的电动车外后视镜开关，进行车外后视镜的检查，如图4-29所示。

检查两侧的电动车外后视镜是否能随车外后视镜开关的动作而动作。

四、安全带功能检查

检查安全带拉出和收回动作是否正常。检查安全带高度调节功能是否顺畅有效，锁止位置是否合理，如图4-30所示。

快速拉动安全带，检查锁止动作是否利落，放松后是否能快速缩回。

图4-29　车外后视镜的检查　　　　　　　图4-30　安全带功能的检查

五、车内附件功能检查

1. 喇叭功能的检查

按压喇叭开关，检查喇叭声音是否响亮，是否存在单音现象，转动转向盘检查喇叭响声是否连续，如图4-31所示。

2. 倒车雷达功能的检查

开启点火开关，挂入倒档后用物体在不同的位置遮挡倒车雷达传感器，检查倒车雷达所测的障碍物位置和距离是否正确，如图4-32所示。

图4-31　喇叭功能的检查　　　　　　　　图4-32　倒车雷达的检查

3. 点烟器功能的检查

将点火开关转至ON位后，按压点烟器，其加热到一定温度后，应能自动弹起，否则说明有故障。检查弹起的点烟器是否处于红热状态，如图4-33所示。

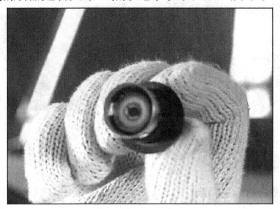

图4-33 点烟器功能的检查

第五节 空调系统保养与检查

保养过程中需要对空调系统的制冷、制热、除雾、除湿及换气功能进行检查（图4-34），必要时还需要更换空调滤清器。

1. 制冷功能的检查

起动发动机，待其运行到平稳转速后，打开鼓风机开关，按下A/C开关，温度设置到最低档，等待约1min后应有冷风吹出。

2. 风向调节功能的检查（图4-35）

检查在不同的出风模式下，空调风向调节装置是否会进行相应动作。检查车内外循环功能是否正常。检查空调温度调节功能是否正常（显示温度值能随旋钮转动改变），实际车内温度值是否与设定值相符。

图4-34 空调功能的检查

图4-35 空调风向调节功能的检查

3. 空调滤清器的更换

将点火开关转至OFF位，拆卸驾驶室内的杂物箱盖，如图4-36所示。

拆下空调滤清器盖板，如图4-37所示，小心取出空调滤清器，防止空调滤清器上的杂质落入风道中，记住空调滤清器的安装方向。

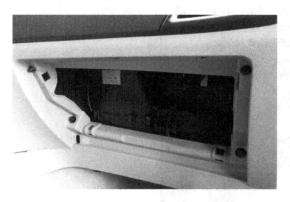

图 4-36　拆卸驾驶室内的杂物箱盖

图 4-37　拆下空调滤清器盖板

　　清洁滤清器壳体上的尘土和异物后，按原方向装入新空调滤清器，安装盖板，确保牢固，如图 4-38 所示。

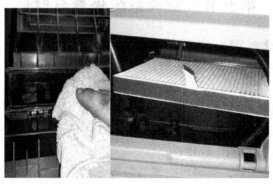

图 4-38　更换空调滤清器

第六节　诊断仪检查

　　为判断车辆管理系统工作是否正常，保养过程中还需要通过诊断仪进行故障码读取与清除操作。

　　故障码是维修技术人员进行故障诊断的重要依据。发现故障码先要分清考虑是历史故障码还是当前故障码。如果是当前故障码，则需通知客户及时进行维修，避免故障扩大和升级。

　　对控制单元内存储的故障码进行读取，如图 4-39 所示，判断是当前故障码还是历史故障码。如果诊断仪检测到是历史故障码，且对车辆运行没有影响，则可清除历史故障码。

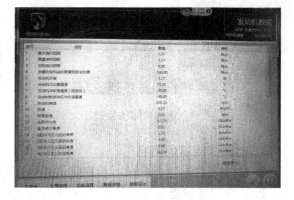

图 4-39　读取故障码

第五章　车辆保养流程

- ## 学习要点：

  1）五菱汽车清洁与润滑。
  2）五菱汽车保养工单填写。
  3）五菱汽车后续保养工作。

- ## 学习目标：

  1）能够对五菱汽车进行清洁与润滑。
  2）能够正确填写五菱汽车保养工单。
  3）能够对五菱汽车进行后续保养操作。

第一节　清洁与润滑

保养时除完成客户委托进行的保养项目外，还需要对车门、发动机舱盖、行李箱盖等的铰链连接处，易产生异响的部位，发动机舱排水口等易堵塞的部位进行清洁和润滑。

一、清洁

五菱汽车散热器被遮挡后容易造成发动机温度过高、空调制冷效果变差，因此需要对散热器表面进行清洁。

拆卸散热器冷却风扇总成、喇叭等，然后用胶带将线束和插头封住，防止进水，如图5-1 所示。

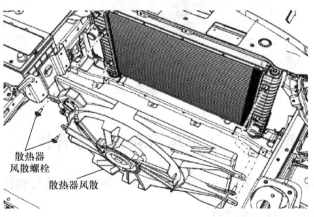

图 5-1　散热器清洁

用压缩空气将污物从散热器的发动机侧清除，如图 5-2 所示。在某些情况下，可能需

63

要使用温水和中性清洗剂来清洁空调冷凝器和散热器。

注意：使用气压低于450kPa的压缩空气，且要保持30cm以上的距离。

图5-2　清洁散热器

二、润滑

完成清洁工作后才能进行润滑，否则磨料会加速各机件的磨损，起不到长期润滑的效果。

使用润滑剂对发动机舱盖锁、行李箱锁、车门锁等机构进行润滑，如图5-3所示。

图5-3　润滑门锁

第二节　工单填写和保养综合操作

五菱汽车对维修保养的工单有一定要求，需按照规定进行填写和使用。

一、五菱公司23项保养操作

五菱公司目前推荐的保养项目有23项，执行流程是按照一定工作顺序、车辆不同举升位置而制订的，具体见表5-1。

表 5-1 五菱公司 23 项保养项目表

车型：　　　　　　　　　　车牌号：　　　　　　　　　　行驶里程：_____km

车辆位置	步骤序号	保养操作步骤（关键项目★）	检查结果	备注
	1	检查制动、加速踏板、离合器踏板的行程及松紧度	□正常　□异常	
	2	★转动转向盘，检查转向机间隙及是否存在异响	□正常　□异常	
	3	★检查驻车制动器行程及松紧度	□正常　□异常	
		移动车辆进入工位		
	4	领取物料及准备保养工具		
		检查喇叭、整车灯光、仪表功能、音响系统	□正常　□异常	
	5	检查刮水器/清洗器、后视镜、升降器、门锁操控、安全带功能	□正常　□异常	
	6	检查空调冷暖风系统工作状况	□正常　□异常	
		必要时拆出空调滤清器（630/610、730/560 车型），进行清洁或更换	□清洁　□更换	
	7	检查蓄电池电压，必要时清洁、紧固及润滑极柱	□正常　□异常	
	8	★检查机油、冷却液、制动液、转向液的液面高度	□正常　□异常	
		必要时补充冷却液、制动液、转向液、清洗液	□是　□否	
	9	更换或清洁空气滤清器（手册规定更换周期），并检查发电机、空调传动带松紧度	□正常　□异常	
	10	检查车身五门一盖无开关卡滞，并对车门锁、铰链、限位器进行润滑	□正常　□异常	
	11	举升车辆及准备工具		
		拆发动机放油螺塞，排放机油		
	12	拆变速器、后减速器（乘用车无）加油螺塞，检查变速器、后减速器油位及品质	□正常　□异常	
	13	检查制动、冷却、转向、燃油系统是否有油液渗漏，更换燃油滤清器（手册规定更换周期）	□正常　□异常	
	14	★检查转向系统，摆动前轮及拉杆，转向拉杆、球头是否松动	□正常　□异常	
	15	★检查并紧固前后悬架、转向、排气、发动机联接相关螺栓	□正常　□异常	
	16	更换机油滤清器，紧固机油放油螺塞	□是　□否	
	17	更换后减速器油（乘用车无）	□是　□否	
	18	更换变速器油（手册规定更换周期）	□是　□否	

（续）

车辆位置	步骤序号	保养操作步骤（关键项目★）	检查结果	备注
	19	车辆下降至中下部		
		更换机油滤清器，按标准加注机油，运行并观察发动机工况及噪声	□正常 □异常	
	20	★举升车辆至上部，观察底盘、发动机、变速器、后减速器（乘用车无）是否渗漏	□正常 □异常	
		必要时进行清洁或调整紧固	□清洁 □调整	
	21	检查四轮胎纹深度及磨损情况，检查四轮轴承、制动片、制动盘有无异常	□正常 □异常	
		必要时运行四轮换位，及时轴承、制动片、制动盘进行清洁或调整更换	□清洁 □更换	
	22	车辆放落至地面，关闭发动机		
		★检查四轮螺母紧固力矩，检查四轮及备胎气压，必要时充气	□正常 □异常	
	23	诊断仪诊断故障，并检测蓄电池电压、火花塞、喷油器、PCV阀等相关数据流有无异常	□正常 □异常	
		必要时进行火花塞、喷油器、曲轴箱通风管的清洁或调整更换	□清洁 □更换	

维修建议：

维修技师： 用户签字： 日期： 年 月 日

二、工单填写

对照五菱汽车的常规保养检查清单和具体保养的检查结果，如实填写保养清单，同时检索有无遗漏的操作项目。

23 项保养项目表中的车辆基本信息是由服务接待人员填写的，如图 5-4 所示，并随车一同交给技师。

技师需要对 23 项保养项目单中的每一项保养相关内容进行逐一操作：

名称前有五角星标记的是关键项目，在执行保养与检查时需更加仔细、全面。每个工位所有项目完成后，对表进行一次记录登记。对于检查结果，在正常或异常项目前的方框内打钩，记录检查结果。对于存在调整、润滑或异常的项目，在备注栏注明具体部位和结果。23 个项目完成后，针对车辆的行驶里程、检查结果，给出保养或维修建议。技师在保养项目单上签字。

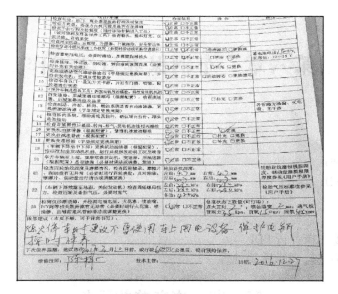

图 5-4 保养工单填写

三、清洁工作

1. 清洁发动机舱及刮水器导流板

使用气压水枪吹洗发动机舱内尘土，如图 5-5 所示。然后使用压缩空气吹干并清洁刮水器导流板。

注意：禁止使用高压水枪对发动机进行清洁。

2. 清洁

5S 管理是五菱汽车服务的宗旨，因此施工完成后一定要清洁现场。

车辆保养完成后，需要对所用工具进行清洁擦拭，并码纹到原位，对废弃物进行环保处理，并对施工场地进行清洁，如图 5-6 所示。

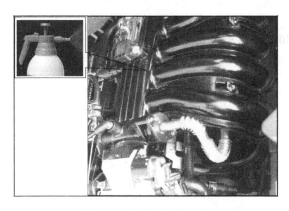

图 5-5 发动机舱的清洁

图 5-6 施工场地的清洁

第六章　车辆保养后续工作

- **学习要点：**

  1）五菱车辆PDI。
  2）五菱车辆PDI后续工作。

- **学习目标：**

  1）能够对五菱车辆进行PDI。
  2）能够对车辆进行PDI后续处理。

第一节　交车前的服务

客户签订购车协议并完成相关手续后，作为经销商应为客户提供交车前服务。

一、PDI的定义与作用

如果未进行正确的交车前服务，则无法保证交付客户的车辆是完好的。未交付车辆出现故障的情况下，客户有权拒收车辆。交车前服务也是经销商销售给客户的"产品"。

1. PDI的定义

PDI是Pre Delivery Inspection的缩写，意为出厂前检查。PDI是五菱汽车服务的一部分，是车辆交付给客户前的质量检查。

PDI能确保车辆整体完好无损，各功能元件工作正常，有助于提高客户满意度，减少客户抱怨，避免车辆售出后发生不必要的纠纷。

2. PDI的作用

1）确保将完好状态的车辆交付客户。
2）避免因小故障/缺陷导致客户对经销商和五菱汽车公司的抱怨/投诉。
3）增强客户对五菱品牌的信任感。
4）提高客户满意度。
5）提升五菱品牌形象。

3. PDI的条件

PDI车辆必须达到以下要求：
1）车辆功能、性能正常。
2）所有提供给客户的文档都在车内。
3）蓄电池状态良好。
4）车辆内外干净。

二、PDI的准备

1. PDI场地准备（图6-1）

车间要专门设置PDI的场地，以免与其他服务工作相互影响。场地要保持整洁卫生，地面无油渍且每天要清洁。PDI场地要明亮，场地最好处于室内，且要宽敞，便于工作展开。

2. PDI工具设备准备（图6-2）

为更好地对车辆进行PDI，还需要准备以下检测工具：举升设备（四柱举升机/剪式举升机）、蓄电池充电机、轮胎充气机、工作灯、扭力扳手、轮胎气压表、万用表、干净的抹布及WDS或X431诊断设备等。

图6-1 PDI场地准备

图6-2 PDI工具设备准备

3. PDI车辆准备

进行PDI前，对待检查的车辆进行清洗、保护等操作。

去掉车身保护膜，认真清洗车身表面，并用柔软的干净毛巾擦干。然后对车辆内饰做防护，防止弄脏或损坏内饰，如图6-3所示。

4. PDI检查备用品准备

在PDI过程中，如果发现车辆的某些油液不足，则需要适量添加。

PDI前应准备机油、冷却液、变速器油、抛光蜡、修整漆等，如图6-4所示。

图6-3 PDI车辆准备

图6-4 PDI备用品准备

第二节 PDI流程

1. 五菱PDI检查单

五菱为每一辆商品车都准备了PDI检查单，技师在PDI过程中应参考PDI检查表里的项目执行，见表6-1。

表6-1 PDI 检查单

PDI 检查单	经销商名称：		服务站代码：		VIN 码：	
	发动机型号：	车型：	钥匙编码：	里程数： km	颜色：	
	检查时请以下列符号填入"□"内：合格 V，更换 X，修理 R，调整 A，清洁 C，紧固 T，润滑 L，未配置 N					

随车物品	外观	40. 底盘线束固定及连接情况 □	63. 天窗外观状况 □	85. 转向盘调整功能 □
1. 车钥匙两套 □	23. 轮胎及轮辋 □		64. 后地毯 □	
2. 音响或多媒体使用说明书 □	24. 安装轮毂饰盖 □	41. 变速器底部状况 □	65. 车内是否有多余杂物 □	86. 喇叭性能 □
	25. 玻璃、左右后视镜及灯具 □	42. 取掉底盘区域不必要的胶套 □		87. 转向盘音响按键功能 □
3. 备胎 □	26. 全部防水密封条、门框压条 □	**内饰**	**功能**	
4. 随车工具总成 □		43. 室内顶棚状况 □	66. 门锁/中控门锁工作状况 □	88. 天窗工作状况 □
5. 随车包（用户/保修/操作手册等）□	27. 前后车门及行李箱盖的开启、关闭 □	44. 车内座椅/地毯状况 □	67. 车门儿童安全锁工作状况 □	89. 可视倒车雷达性能 □
6. 三角警示牌 □	28. 发动机舱盖开启、关闭 □	45. 左前门内饰板状况 □	68. 车门窗玻璃升降及内开保险 □	90. 导航及 GPS 功能 □
7. 随车照片、VIN 拓印码 □	29. 加油口盖开启、关闭 □	46. 左后门内饰板状况 □	69. 车内外后视镜调整 □	91. 点火开关及转向盘锁 □
发动机舱/前舱	30. VIN 码与铭牌匹配 □	47. 右前门内饰板状况 □	70. 后窗玻璃开闭状况 □	92. 电动助力转向性能 □
8. 蓄电池状况 □	31. 保险杠与车身的配合 □	48. 右后门内饰板状况 □	71. 前排化妆镜及灯状况 □	**其他检查**
9. 机油液面 □	32. 标牌（包括五菱商标牌、厂标牌、型号标牌等），后装饰灯，防擦条，裙板 □	49. 行李箱盖装饰板状况 □	72. 前排阅读灯/门灯/顶灯状况 □	93. 驾驶情况 □
10. 制动液液面 □				94. 定速巡航功能 □
11. 玻璃清洗液液面 □		50. A、B、C 柱饰板状况 □	73. 各座椅调节是否正常 □	95. 洗车并检查是否漏水 □
12. 冷却液液面 □		51. 前仪表台外观状况 □	74. 遮阳板的放下、收起 □	**请将外观缺陷在下栏中注明**
13. 散热器总成 □	33. 外部钣金区（车身外表），车身内部裸露可视表面，前/后保险杠和裙板的表面 □	52. 杂物箱及控制台状况 □	75. 前刮水器及喷水状况 □	
14. 发动机舱有无油污 □		**底盘/传动**	76. 后刮水器及喷水状况 □	
15. 油液管路有无泄漏 □	34. 紧固车轮螺母 □	53. 变速杆状况 □		
16. 发动机油底壳 □	35. 紧固底盘螺栓/螺母 □	54. 驻车制动操纵杆状况 □	77. 检查外部灯光系统工作状况 □	**其他未尽项目请在下栏中注明**
17. 发动机传动带状况 □	36A. 传动轴及后桥（CN113R）□	55. 内后视镜状况 □	78. 组合仪表工作状况 □	1.
		56. 转向盘状况 □		2.
18. 变速器壳体状况 □	36B. 半轴及转向机防尘罩（CN210MR）□	57. 喇叭盖状况 □	79. 离合、制动、加速踏板状况 □	3.
19. 发动机起动运行状况 □		58. 室内灯灯罩状况 □		4.
			80. 驻车制动 □	5.
20. 线束定位及插头连接 □	37. 燃油管路及燃油箱 □	59. 杂物箱状况 □	81. 变速杆操作 □	
21. 燃油管路有无泄漏干涉 □	38. 制动液管路固定及干涉 □	60. 中排座椅扶手状况 □	82. 点烟器及电源工作状况 □	**注意**：车辆检查完毕后，确保车内外全部灯光及电器关闭，车门玻璃及天窗全部关严，车门全部锁好
22. 空调管路有无泄漏干涉 □	39. 排气管固定及刮伤情况 □	61. 其他储物箱状况 □	83. A/C 空调系统性能 □	
		62. 遮阳板状况 □	84. 音响系统性能 □	

检查人员（签字）： 检查日期：	服务经理（签字）： 检查日期：	经销商名称： 经销商代码： 经销商/服务站盖章

2. 整车完备性的检查（图6-5）

交给客户的新车中还包含一些随车附件，在PDI过程中，对随车附件的检查是非常必要的。

（1）车主/保修/音响使用说明书的检查

车主手册是客户了解五菱汽车使用方式/技巧的重要途径。通过查阅手册，客户可以了解车辆的使用功能、维护信息等内容。随车附带的内饰保养说明可以指导客户进行内饰清洁。

（2）随车工具的检查（图6-6）

从行李箱内取出所有随车工具进行检查。检查千斤顶、轮胎扳手、防盗螺母工具、拖车专用牵引装置、螺钉旋具及轮胎装饰盖拆除工具等物品。检查工具的功能是否正常，最后将工具逐一放回行李箱随车工具储物空间内。

图6-5　整车完备性的检查

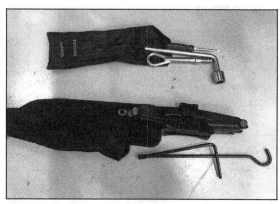

图6-6　随车工具的检查

（3）备胎的检查（图6-7）

每辆五菱汽车都配备了备用轮胎。使用气压表检查备胎是否正常。把备胎压力调整到规定的最高压力值。

（4）遥控器/钥匙的检查（图6-8）

图6-7　备胎的检查

图6-8　遥控器/钥匙的检查

确认遥控器/钥匙数量，检查外观无破损变形，将遥控器/钥匙编码记录在PDI检查表中。用钥匙/遥控器能正常开关门锁。确认寻车键功能正常。确认按压行李箱按键，行李箱能打开。车门关闭的状态下按压锁车或开启键，转向灯会闪烁。按压行李箱盖开启键2s，行李箱盖锁开启，可打开行李箱盖。

3. 车辆外观的检查

（1）车辆外部损伤的检查

环绕待检车一周，目视检查其车身漆面有无锈斑、凹凸点及划伤，表面不允许有油漆表面损伤的凹凸或油漆表面无损伤但深度/高度 >0.5mm 的凹凸、生锈、脱落、裂纹、露底钣金凹凸（不含焊点），如图6-9所示。

（2）保险杠与车身接缝的检查

检查车身、前后保险杠、车身配合钣金件之间是否存在配合间隙过大、色差较大等现象，如图6-10所示。

图6-9 车辆外观的检查

图6-10 保险杠与车身接缝的检查

（3）车门密封条的检查（图6-11）

环检车身，观察车门、风窗玻璃压条是否安装到位，必要时对可疑玻璃进行淋水检查，测试玻璃密封性，观察是否有裂纹产生，后风窗玻璃除霜加热线焊接是否牢靠等。

（4）玻璃损伤的检查

目视检查前后风窗玻璃及车窗玻璃是否变色、划伤和破损，如图6-12所示。不允许有颜色变化，不允许有指甲可感觉到的深度 >5mm 的划伤。不允许破损。左右对称的车门窗玻璃必须同一规格、同一颜色。

图6-11 车门密封条的检查

（5）轮胎及轮毂的检查

环检车身，观察四轮轮胎有无变形、损伤，轮辐有无划伤。轮毂饰盖有无缺失，标牌是否稳定扣合。四个轮胎同型号、同厂家。轮胎气压需符合标示规定。紧固轮胎螺母，紧固力矩为110N·m，如图6-13所示。

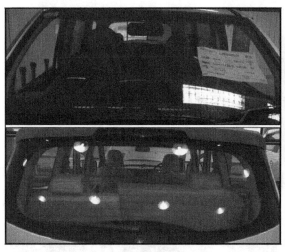

图 6-12 玻璃的检查

图 6-13 轮胎轮毂的检查

（6）后视镜及灯具的检查

后视镜镜面应清洁，反射图像清晰，外壳与车身漆面无明显色差。灯具外观不得有划伤、破损，如图 6-14 所示。

（7）车标及标识的检查

检查标牌（包括车型标牌、制造商标牌）、后装饰灯、防擦条、裙板，如图 6-15 所示。各标牌及标识应安装平整、牢固、不歪斜、无划伤、无缺失。

图 6-14 后视镜及灯具的检查

图 6-15 车标及标识的检查

4. 车辆内部的检查

（1）发动机运转状况的检查

将点火开关转至 START 位，发动机应正常起动，起动后应无明显异常的机械噪声和振动，运转平稳，如图 6-16 所示。

（2）仪表状况的检查

打开点火开关，观察仪表板，图 4-23 中所示的指示灯都应正常点亮。检查发动机转速表，起动发动机慢踩加速踏板，观察转速表是否能正确显示转速，检查机油压力、发动机故障指示灯是否正常亮灭。检查确认 ABS、EPS（电子助力转向）、安全气囊、蓄电池充电、制动系统故障等指示灯、警告灯是否正常亮灭。

（3）灯光功能的检查

逐一检查小灯，前照灯近光、远光及超车灯，前、后雾灯，左、右转向灯及危险警告灯。观察前照灯光束，同时观察仪表指示灯，边调节边观察，应能明显看到光束高低变化。点火开关转至 ON 位，踩制动踏板时制动灯点亮为正常，变速杆置于 R 位（倒档）时倒车灯点亮为正常，否则为故障，如图 6-17 所示。若不踩制动踏板，制动灯点亮为故障。起动发动机，未开启前照灯，日间行车灯应点亮。检查转向指示灯及危险警告灯指示是否正常。

图 6-16　发动机运转状况的检查

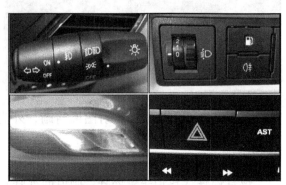

图 6-17　灯光功能的检查

（4）喇叭功能的检查

按压喇叭控制区，喇叭声音应洪亮。不管转向盘转在哪个角度，按压喇叭控制区时，喇叭都能鸣响，如图 6-18 所示。

（5）转向盘音响控制功能的检查

打开音响主机，按下转向盘各功能键，应能正确唤起音响相应功能，如图 6-19 所示。

图 6-18　喇叭功能的检查

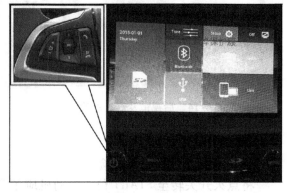

图 6-19　音响功能的检查

（6）内饰件外观的检查

仪表台不允许有颜色变化、指甲可感觉到的深度 >5mm 的划伤。仪表台表面无剥落。

转向盘、喇叭控制区盖、杂物箱、变速杆和驻车制动操纵杆等外观应完好，无明显色差，如图 6-20 所示。

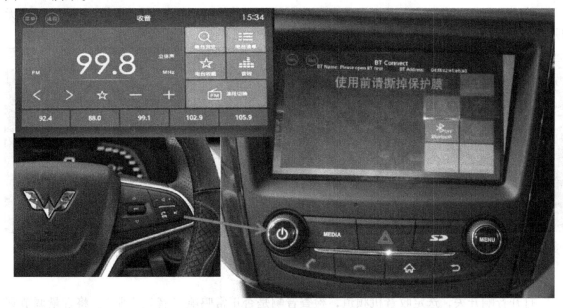

图 6-20 音响功能检查

（7）刮水器功能的检查

依次打开刮水器间隙档、低速档和高速档，关闭刮水器观察其是否能自动复位。转动刮水频次旋钮，调整刮水器动作频次。抬起控制手柄，检查清洗功能。若有后风窗刮水器则要同时检查，如图 6-21 所示。

（8）内外后视镜功能的检查

调整检查车内后视镜，成像应清晰，防炫目功能应正常。角度调节按钮应能正常调节两侧车外后视镜，如图 6-22 所示。

图 6-21 刮水器功能的检查

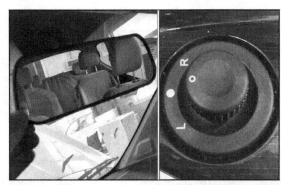

图 6-22 内外后视镜功能的检查

（9）阅读灯功能的检查

如图 6-23 所示，检查阅读灯灯罩安装是否到位，无破损。阅读灯在三个档位时能分别实现常亮、常灭及门控亮起功能。

（10）遮阳板及顶棚的检查

检查遮阳板，表面应无破损，能自由放下和收起。检查顶棚应装配牢靠，用手按压应无明显塌陷和松垮感，如图6-24所示。

图6-23　阅读灯功能的检查

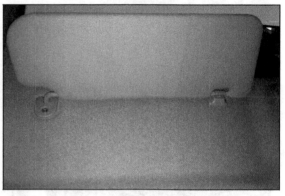

图6-24　遮阳板及顶棚的检查

（11）音响功能的检查

打开音响开关，选定收音机频道，检查音响是否正常鸣响（音量正常）。将音量调节到最大，不应有异响出现。确保所有扬声器都正常发声。插入CD，确认音响能正常读取、播放和退出，如图6-25所示。接入MP3/U盘，确认音响能正常读取、播放。检查音响数据线或说明书、多媒体SD卡或使用说明书（如配备），按相关说明操作音响系统，无异常。

（12）空调功能的检查

起动发动机，打开空调系统，将温度调到最低位，按下A/C键，起动压缩机，检查是否有冷风吹出。不按下A/C键，将温度调到最高位，检查是否有暖风吹出。检查各出风口及风向开关是否工作正常。检查后排空调按键功能是否正常，检查USB充电口工作是否正常。确认后风窗除霜功能正常。检查风量调节旋钮是否工作正常，内外循环开关是否有效，如图6-26所示。

图6-25　音响功能的检查

图6-26　空调功能的检查

（13）车内电源及点烟器的检查

起动发动机后，按下点烟器，加热到一定温度后点烟器应能从点烟器孔中自动弹出，但仍保持在点烟器孔中。使用车载充电器测试电源孔是否能正常供电，如图 6-27 所示。

（14）驻车制动性能的检查

用力拉起驻车制动操纵杆，会发出 6~9 声清脆的响声，车辆应在多数路况下都保持静止。按压释放按钮，驻车制动操纵杆应能顺利放下，车辆随即解除驻车制动状态，如图6-28所示。

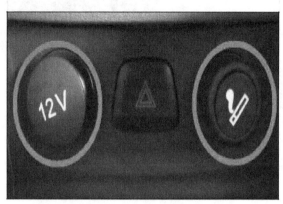

图 6-27　车内电源及点烟器的检查

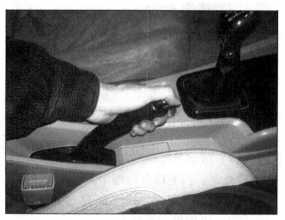

图 6-28　驻车制动功能的检查

（15）中央杂物箱的检查

检查中央杂物箱盖是否能正常开合，外观是否完好无损，如图 6-29 所示。

（16）转向盘调节及锁止检查

转向盘应能自由调节高低位置。关闭点火开关，转向盘应保持锁止，不能转动。起动发动机，转动转向盘，电动助力装置工作正常，转向轻便，如图 6-30 所示。

图 6-29　中央杂物箱的检查

图 6-30　转向盘调节检查

（17）座椅调节的检查

车内座椅能自如地调节高度及前后位置，座椅靠背能自由调节仰角，如图 6-31 所示。

（18）油箱盖的检查

车内油箱盖开关控制灵活，油箱盖开启、关闭轻松灵活，如图 6-32 所示。

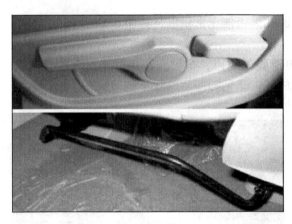

图 6-31　座椅调节检查

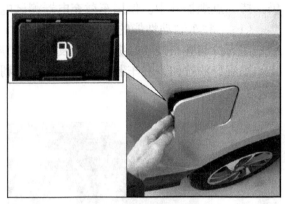

图 6-32　油箱盖的检查

（19）玻璃升降／中控功能的检查

检查左前门玻璃升降器中控开关是否能控制四门玻璃升降，是否能锁止其他玻璃。检查中控锁工作是否正常，如图 6-33 所示。

（20）座椅外观的检查

移除座椅运输保护套后，检查座椅表面有无脏污、破损和表面开裂的现象，如图 6-34 所示。

图 6-33　玻璃升降功能的检查

图 6-34　座椅表面的检查

（21）地毯的检查

检查地毯有无脏污或破损，包括行李箱内的地毯，如图 6-35 所示。

（22）变速杆的检查

保持发动机熄火，变速杆能在各档位间灵活转换，有清晰的入档感觉，无卡滞，如图 6-36 所示。

（23）离合器／制动／加速踏板的检查

原地踩制动踏板、离合器踏板和加速踏板应无干涉，踏板处无异物，检查制动踏板位置传感器插接件是否固定牢靠且正常，如图 6-37 所示。

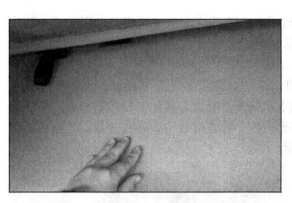

图6-35 地毯的检查

图6-36 变速器档位功能的检查

（24）车门及内饰板的检查

检查各车门开合是否正常，是否能正常闭锁。确认各车门包括行李箱盖拉手功能是否正常。检查各车门内饰板有无划痕、脏污及变形，如图6-38所示。

图6-37 踏板功能的检查

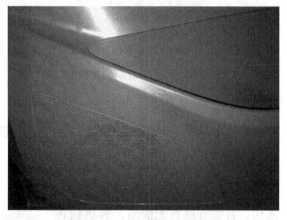

图6-38 车门内饰板的检查

5. 发动机舱的检查

发动机舱内的检查主要从各种油液的油/液位及相关管路等方面入手，检查前需要做好车辆的防护工作。

（1）发动机舱盖及开关的检查

发动机舱盖扣手及盖锁连接可靠，打开方便。关闭时，发动机舱盖与车身能够贴合到位，如图6-39所示。

（2）机油的检查

发动机熄火后等待3min，检查机油油位。取出机油尺。若油量不足，则先检查管路是否有泄漏，然后补加或维修。

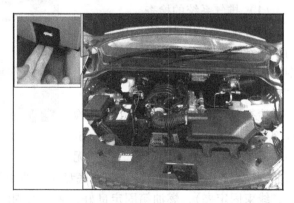

图6-39 发动机舱盖的检查

（3）制动液/冷却液/玻璃清洗液的检查

冷却液、制动液液位必须在 MAX 刻度线与 MIN 刻度线之间。液量不足，则先检查管路是否有泄漏，然后补加或维修，如图 6-40 所示。

（4）发动机舱管路的检查

发动机舱内清洁，无油污。线路及管路固定良好，管路卡夹固定良好，无松脱、无泄漏。重点检查燃油管、空调管、暖风水管、上下水管及真空管，其他部位按需检查。燃油管路要，触摸是否有漏油，闻发动机舱内是否有燃油味。检查加油口盖是否拧紧。检查散热器总成表面有无液体泄漏和翘曲，如图 6-41 所示。

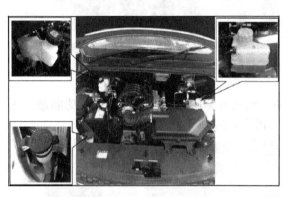

图 6-40　制动液/冷却液/玻璃清洗液液位的检查　　　　图 6-41　发动机舱管路的检查

（5）蓄电池的检查

检查蓄电池表面清洁、固定良好，正负极线连接良好，充电状态良好，电量充足，如图 6-42 所示。

6. 车辆举升检查

将车辆举升后可检查车底是否有碰伤，各类管路有无泄漏，各机械连接部位是否松旷等。

（1）排气系统的检查

检查排气管固定、连接可靠无松动，排气管各吊耳固定到位，表面无刮伤现象，如图 3-22 所示。

（2）底盘各管路的检查

检查制动液管、燃油管（重点检查部位为燃油管路接头、管路固定夹）及炭罐真空管固定可靠。管路无

图 6-42　蓄电池的检查

弯曲、破损，且无相互干涉。确认底盘相关线束连接及固定可靠（重点检查部位为线束插头、线束固定夹），燃油箱固定良好，表面及周围无油渍，如图 6-43 所示。

（3）传动轴/半轴的检查

检查半轴两端应无油渍，半轴防尘套无破损，固定到位，转向机周围无油渍且防尘套无

破损，固定到位。观察底盘区域有无粘连胶带、塑料纸等杂物。传动轴安装螺栓紧固到位，后桥无油渍、无渗漏迹象，后桥螺栓紧固到位，如图6-44所示。

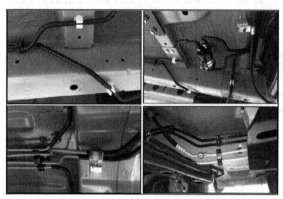

图6-43 底盘各管路的检查

图6-44 半轴/传动轴的检查

（4）底盘护板及螺栓的检查

检查各类底护板是否松动，必要时进行紧固。对底盘其他紧固螺栓进行检查，发现松动或紧固对合记号变化之处应进行紧固。紧固后减振器下螺栓，紧固力矩为80~100N·m。紧固后桥螺栓，紧固力矩为130~180N·m。紧固前下控制臂螺栓，紧固力矩为（110±10）N·m，如图6-45所示。

（5）变速器外观的检查

检查变速器油底壳无油渍、无渗漏迹象，外观无破损、无开裂现象。确认油位检查螺塞无渗漏油现象，紧固可靠，如图6-46所示。

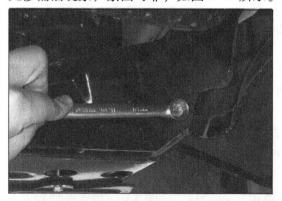

图6-45 底盘护板及螺栓的检查

图6-46 变速器外观的检查

第三节 PDI后续工作

车辆PDI工作结束后，技师要正确填写PDI检查表，对PDI过程中发现的问题要及时与服务顾问或技术主管联系，对车辆进行进一步维修。

1. PDI 检查表的填写

如图 6-47 所示，技师应根据 PDI 检查的结果如实填写 PDI 检查表，在检查正常的元件或功能项目打"√"，在有问题的项目打"×"，并在后方加以说明，在 PDI 表格最后两栏中填写 PDI 日期并签名。

2.5 PID检查单

五菱PDI检查单	经销商名称：			服务站代码：			VIN码：	
	发动机型号：		车型：		钥匙编码：		里程数： km	颜色：
	检查时请以下列符号填"〇"内：合格V、更换X、修理R、调整A、清洁C、紧固T、润滑L、未配置N							
随车物品	外观		内饰		69.车内外后视镜调整	☑	请将外观缺陷在下栏中注明	
1.车钥匙两套 ☑	23.轮胎及轮辋 ☑		43.室内顶棚状况 ☑		70.后窗玻璃开闭状况 ☑			
2.音响或多媒体使用说明书 ☑	24.安装轮辋饰盖 ☑		44.车内座椅/地毯状况 ☑		71.前排化妆镜及灯状况 ☑			
3.备胎 ☑	25.玻璃、左右后视镜及灯具 ☑		45.左门内饰板状况 ☑		72.前排阅读灯/门灯/顶灯状况 ☑			
4.随车工具总成 ☑	26.全部防水密封条，门框压条 ☑		46.左后门内饰板状况 ☑		73.座椅调节是否正常 ☑			
5.随车包(用户/保修/操作手册等) ☑	27.前后门及尾门的开启、关闭 ☑		47.右前门内饰板状况 ☑		74.遮阳板的放下、收起 ☑			
6.三角警示标牌 ☑	28.发动机舱盖开启、关闭 ☑		48.右后门内饰板状况 ☑		75.前刮水器及喷水状况 ☑			
7.随车照片，VIN拓印码 ☑	29.加油口盖开启、关闭 ☑		49.尾门装饰板状况 ☑		76.后刮水器及喷水状况 ☑			
	30.VIN码与铭牌匹配 ☑		50.A、B、C柱饰板状况 ☑		77.检查外部灯光系统工作状况 ☑			
发动机舱/前舱	31.保险杠与车身的配合 ☑		51.前仪表台外观状况 ☑		78.组合仪表工作状况 ☑			
8.蓄电池状况 ☑	32.标牌(包括宝骏实验商标牌、厂标牌、型号标牌，后装饰灯、刮擦条、裙板) ☑		52.储物箱及控制台状况 ☑		79.离合、制动、加速踏板状况 ☑		其他未尽项目请在下栏中注明	
9.机油液面 ☑			53.换档手柄状况 ☑		80.驻车制动 ☑		1.	
10.制动液液面 ☑			54.换挡手柄状况 ☑		81.变速杆操作 ☑			
11.玻璃清洗液液面 ☑	33.外部钣金区(车身外表)、车身内部裸露可视表面，前/后保险杠和裙板的表面 ☑		55.内后视镜状况 ☑		82.点烟器及电源口工作状况 ☑			
12.冷却液液面 ☑			56.转向盘状况 ☑		83.A/C空调系统性能 ☑		2.	
13.散热器总成 ☑			57.喇叭盖状况 ☑		84.音响系统性能 ☑			
14.发动机舱有无油污 ☑	底盘/传动		58.室内灯具状况 ☑		85.转向盘调整功能 ☑		3.	
15.油液管路有无泄漏 ☑	34.紧固车轮螺母 ☑		59.杂物箱状况 ☑		86.喇叭性能 ☑			
16.发动机舱壳 ☑	35.紧固底盘螺栓/螺母 ☑		60.中排座椅扶手状况 ☑		87.转向盘音响按键功能 ☑		4.	
17.发动机传动带状况 ☑	36.半轴及转向机防尘罩 ☑		61.其他储物箱状况 ☑		88.天窗工作状况 ☑			
18.变速器壳体状况 ☑	37.燃油管路及燃油箱 ☑		62.遮阳板状况 ☑		89.可视倒车雷达性能 ☑			
19.发动机起动运行状况 ☑	38.制动液管路固定及干涉 ☑		63.天窗外观状况 ☑		90.导航及GPS功能 ☑		5.	
20.线束定位及插头连接 ☑	39.排气管固定及刮伤情况 ☑		64.后地毯 ☑		91.点火开关及转向盘锁 ☑			
21.燃油管路有无泄漏干涉 ☑	40.底盘线束固定及连接情况 ☑		65.车内是否有多余杂物 ☑		92.电动助力转向性能 ☑			
22.空调管路有无泄漏干涉 ☑	41.变速器底部状况 ☑		功能		其他检查		注意：车辆检查完毕后，确保车内外全部灯光及电器关闭，车门玻璃及车顶天窗全部关闭，车门全部锁好	
	42.取掉底盘区域不必要的胶套 ☑		66.门锁/中控门锁工作状况 ☑		93.驾驶情况 ☑			
			67.车门儿童安全锁作用状况 ☑		94.定速巡航功能 ☑			
			68.车门玻璃升降及开闭保险 ☑		95.洗车并检查是否漏水 ☑			
检查人员(签字)：××		服务经理(签字)：×××			经销商名称：			
检查日期：2017.2.19		检查日期：2017.2.19			经销商/服务站盖章			

此单共三联，第一联白色售后服务部留存联，第二联红色财务留存联，第三联蓝色经销商/维修服务站留存联。

图 6-47 PDI 检查单的填写

2. PDI 发现问题处理

技师在 PDI 检测过程中发现问题后需要与服务顾问或技术主管进行沟通，以便对车辆进行维修处理。

如果有一个或多个项目不合格，且检查表上不能显示出其他问题，则技师要把不正常的项目补充填写在 PDI 单上。填写完 PDI 单后，将其交予服务顾问，向其说明 PDI 中发现的问题。

3. 车辆入库前作业（图 6-48）

车辆入库前还需要进行以下操作：

1）将刮水器臂竖起。

2）对发动机舱/发动机舱盖、行李箱盖、车门铰链及锁扣/撑杆部位进行润滑。

3）对车门及行李箱盖胶条等部件涂防护油，防止其老化。

4）在锁车前确认所有用电/气设备均已关闭。

5）库存车不应施加驻车制动（以免驻车制动拉索与制动盘（鼓）咬死）。

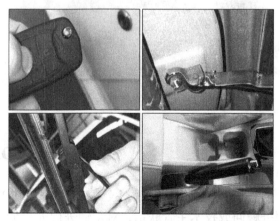

图 6-48 车辆入库前的操作

6）库存车必须断开蓄电池负极，以免放电。

课 程 测 试

单选题

		以下对 SAE 0W - 30 机油型号描述正确的是（　　　）。
问题 1	A	SAE 代表的是美国石油协会
	B	这种机油只能用于夏季
	C	0 代表的是机油耐高温性能
	D	30 代表的是机油耐高温性能

		以下关于冷却液的说法，正确的是（　　　）。
问题 2	A	不同品牌的冷却液可以混合使用
	B	五菱冷却液腐蚀性很强，因此需要进行稀释后方可使用
	C	冷却液的沸点比自来水的沸点低
	D	冷却液需要定期进行冰点检测

		针对机油的描述，以下最正确的是（　　　）。
问题 3	A	具有清洗、密封的作用
	B	具有润滑、冷却的作用
	C	具有防腐、降噪的作用
	D	以上都是

		以下关于制动液的描述，正确的是（　　　）。
问题 4	A	DOT 标准规定了制动液的最低凝点
	B	DOT 标准规定了制动液的最高凝点
	C	DOT 标准规定了制动液的最高沸点
	D	DOT 标准规定了制动液的最低沸点

		以下对机油黏度的理解，正确的是（　　　）。
问题 5	A	黏度越高的机油，润滑效果越好
	B	机油黏度随温度的升高而降低，随温度的降低而升高
	C	黏度越低的机油润滑效果越好
	D	黏度是对液体分子流动进行评价的指标

		以下关于火花塞内部结构和特点的描述，正确的是（　　　）。
问题 6	A	接线端子的作用是连接车身搭铁
	B	绝缘瓷芯的作用是防止高压电击穿空气短路
	C	中心电极一定是铱合金制造的
	D	本体与侧电极

问题7		对五菱汽车制动液的保养、检查方法和作业规范,以下描述正确的是( )。
	A	若制动液液位低于下限(MIN),则马上添加制动液
	B	若制动液的颜色透明清澈,则说明其状态正常
	C	若制动液液位低于下限(MIN),则在添加制动液前必须对制动系统进行检查
	D	更换制动液时要不断踩制动踏板
问题8		对五菱汽车外观的检查方法,以下正确的是( )。
	A	只要漆面没有划伤,就表明正常
	B	此项目仅对新车进行,老旧车没有必要
	C	进行车辆环检时需要注意车身油漆是否有损伤或失色、失光的现象
	D	外观检查是服务顾问的工作,与维修技师无关
问题9		关于更换机油后的机油油位检查,以下说法正确的是( )。
	A	机油油位可以直接检查
	B	先起动发动机再熄火,马上检查
	C	如果油位低于最小刻度,则先添加1L机油后再检查
	D	发动机起动后,熄火等10min,再进行油位检查
问题10		以下对发动机传动带的检查,叙述正确的是( )。
	A	若发动机传动带运转时产生噪声,则可对带轮进行润滑处理
	B	冬季气温过低时,发动机传动带的预紧度应加大
	C	当传动带打滑时,可以通过上传动带蜡的方法排除故障
	D	传动带的检查项目包括是否有裂纹、老化、断齿
问题11		在五菱汽车进行保养时,什么情况下需要释放燃油压力?( )
	A	拆卸火花塞之前
	B	更换机油之前
	C	拆卸节气门体之前
	D	拆卸燃油滤清器之前
问题12		以下有关五菱汽车变速器油油位检查的描述,正确的是( )。
	A	手动变速器需要在发动机运转的情况下检查油位
	B	手动变速器终身免维护不需要检查油位
	C	手动变速器需要在冷车状态下检查油位
	D	手动变速器需要运行到工作温度后熄火检查液位
问题13		以下对差速器油油位检查描述正确的是( )。
	A	拆卸差速器加注口螺塞,如果有油溢出说明油位正常
	B	拆卸差速器加注口螺塞,如果有油溢出,连续流变为单滴说明油位正常
	C	拆卸差速器加注口螺塞,如果用手指能碰到油面,说明油位正常
	D	拆卸差速器加注口螺塞,如果油连续流出说明油位正常

问题 14		对五菱汽车进行保养时，如果发现转向系统机械部分的密封套损坏，则最严重的故障是（　　）。
	A	部件完整性被破坏
	B	出现锈蚀和磨损
	C	产生异响
	D	转向变沉

问题 15		以下关于悬架系统保养的说法正确的是（　　）。
	A	应采用目测的方法检查悬架拉杆、球头，检查拉杆是否松旷
	B	应使用撬杠等工具检查悬架系统连接螺栓的紧固力矩
	C	应在各连接球头胶套上喷涂化油器清洗剂，以保持清洁
	D	应使用专用扭力扳手对车辆底部螺栓进行紧固力矩检查

问题 16		什么原因会导致五菱制动液沸点下降？（　　）
	A	制动主缸磨损
	B	使用频率太高
	C	水分进入制动管路
	D	橡胶密封件溶解

问题 17		发动机起动后仪表板上如下所示的红色指示灯点亮，说明出现以下哪种故障？（　　）
	A	发动机机械系统有故障
	B	发动机电控系统有故障
	C	机油压力过低
	D	机油油位过低

问题 18		有关蓄电池保养的注意事项，以下正确的是（　　）。
	A	发现蓄电池电解液不足时，应及时补充电解液
	B	免维护蓄电池无需检查电解液
	C	若检查发现蓄电池亏电，则应起动发动机并急速运转，对蓄电池进行充电
	D	在拆卸蓄电池时，应首先拆卸蓄电池的正极电缆

第七章　车间安全规定

- **学习要点：**

  1）车间安全法律的相关规定。
  2）车间安全防范与应急处理。
  3）车间人员的安全职责。

- **学习目标：**

  1）能够复述车间安全规定及车间人员的安全职责。
  2）能够解释车间警示标志的含义和放置位置。
  3）能够简述车间人身安全的操作规范。
  4）能够简述车间安全防范与应急处理方法。
  5）能够简述车辆操作安全规范。

第一节　车间安全法律规定

《中华人民共和国安全生产法》（以下简称《安全生产法》）于 2002 年 11 月 1 日起实施，它明确了安全生产工作的方针，生产经营单位的法律责任，以及从业人员的权利与义务等。

一、《安全生产法》概述

立法目的：加强安全生产监督管理，防止和减少生产安全事故，保障人民群众生命和财产安全，促进经济发展。

适用对象：在中华人民共和国境内从事生产经营活动的单位。

管理方针：坚持安全第一、预防为主。

二、《安全生产法》对从业人员的规定

从业人员有依法获得安全生产保障的权利，并应当依法履行安全生产方面的义务。

从业人员应当严格遵守本单位的安全生产规章制度和操作规程，服从管理，正确佩戴和使用劳动防护用品。

从业人员应当接受安全生产教育和培训，掌握本职工作所需的安全生产知识，提高安全生产技能，增强事故预防和应急处理能力。

从业人员发现事故隐患或其他不安全因素，应当立即向现场安全生产管理人员或单位负责人报告。接到报告的人员应当及时予以处理。

三、《安全生产法》对生产经营单位的规定

生产经营单位必须加强安全生产管理，建立、健全安全生产责任制度，完善安全生产条件，确保安全生产。

生产经营单位应当具备本法和相关法律规定的安全生产条件。不具备安全生产条件的，不得从事生产经营活动。

生产经营单位的主要负责人对本单位的安全生产工作全面负责。

第二节 车间人员安全职责和安全防范

一、管理人员的安全职责

维修车间管理人员应当承担起车间安全的重大职责。具体包括以下方面：

1）使车间人员能够胜任所安排的工作。

2）使车间人员能得到足够的安全教育。

3）提供符合安全标准的工具和设备。

4）提供足够的安全防护用具和设备。

5）密切关注并随时检查车间人员的作业是否存在安全隐患，及时给予纠正。

二、操作人员的安全职责

维修技师在车间工作过程中应当做到以下方面：

1）严格遵守车间行为规范。

2）掌握本职工作所需的安全生产知识。

3）熟知机械设备与工具的操作流程和操作规范。

4）正确佩戴和使用劳动防护用品。

5）熟知工作场所存在的危险因素、防范措施及事故应急措施。

6）善于发现事故隐患或其他不安全因素，并及时向管理部门汇报。

第八章　车间安全标志

● **学习要点：**

1）车间常见禁止标志的含义。
2）车间常见警告标志的含义。
3）车间常见指令标志的含义。
4）车间常见提示标志的含义。

● **学习目标：**

1）能够描述禁止标志的含义和放置位置。
2）能够描述警告标志的含义和放置位置。
3）能够描述指令标志的含义和放置位置。
4）能够描述提示标志的含义和放置位置。

第一节　禁　止　标　志

禁止标志通常为圆形，白底带红色外圈，多数有红色斜线。

一、限速行驶标志

限速行驶标志（图8-1）表示禁止超过规定车速，例如5km/h。
该标志一般放置在车间的进口和内部显眼区域。

二、禁止烟火标志

禁止烟火标志（图8-2）表示此处禁止出现一切火源，以免发生火灾或爆炸事故，一般放置在存放易燃品的区域，例如备件仓库、油品库、油漆间和充电室等。

图8-1　限速行驶标志

图8-2　禁止烟火标志

三、禁止吸烟标志

禁止吸烟标志（图8-3）是车间中最常见的标志，目的是提醒进入车间的人员不得在车间内吸烟。

四、禁止佩戴心脏起搏器人员靠近标志

禁止佩戴心脏起搏器人员靠近标志（图8-4）表示佩戴心脏起搏器的人员应远离此处，以免心脏起搏器受到电磁波的干扰，危及佩戴者生命安全。进行高压电系统的维修工作时应放置此标志。

五、禁止闭合电源开关标志

禁止闭合电源开关标志（图8-5）通常在维修高电压系统时使用，需将其放置在汽车的前部风窗玻璃上，提示其他技师不得闭合高电压系统电源开关。

图8-3 禁止吸烟标志　　　图8-4 禁止佩戴心脏起搏器　　图8-5 禁止闭合电源开关标志
　　　　　　　　　　　　　　　　人员靠近标志

第二节 警告标志

警告标志通常为三角形，黄底带黑色外圈。

一、注意安全标志

注意安全标志（图8-6）表示此处存在安全隐患，应注意行为规范，以免发生安全事故。该标志一般放置在油品库。

二、小心滑倒标志

小心滑倒标志（图8-7）表示此处地面较湿滑，应小心行走，以免摔倒。该标志一般放置在发动机大修间。

图 8-6　注意安全标志

图 8-7　小心滑倒标志

三、小心触电标志

小心触电标志（图 8-8）表示此处有高压电，不得靠近和违规操作，以免发生触电事故。该标志一般放置在配电室。

四、注意高温标志

注意高温标志（图 8-9）表示此处存在高温物品，不得触摸，以免发生烫伤事故。该标志一般放置在烤漆房。

图 8-8　小心触电标志

图 8-9　注意高温标志

五、小心中毒标志

存放有毒气体或液体的场所通常会放置小心中毒标志（图 8-10），例如油品库、调漆房等。

六、小心腐蚀标志

小心腐蚀标志（图 8-11）表示相关物品存在腐蚀性，不得接触皮肤，以免发生伤害事故。该标志一般放置在蓄电池电解液存放区。

图 8-10 小心中毒标志

图 8-11 小心腐蚀标志

七、小心机械标志

小心机械标志（图 8-12）表示操作机械时有安全隐患，不得靠近和违规操作，以免发生安全事故。该标志一般放置在砂轮机、换胎机等处。

八、小心铁屑标志

小心铁屑标志（图 8-13）表示作业时会产生铁屑，应穿戴防护装置，如护目镜和口罩等。该标志一般放置在砂轮机、电焊机等处。

图 8-12 小心机械标志

图 8-13 小心铁屑标志

九、小心爆炸标志

小心爆炸标志（图 8-14）表示此处有易爆物，应规范操作。该标志一般放置在存放燃油、蓄电池或气囊引爆器的地方。

十、高压警告/危险蓄电池标志

高压警告/危险蓄电池标志（图 8-15）表示此处有高压电或有受损的蓄电池，应谨防触电。

图 8-14　小心爆炸标志

图 8-15　高压警告/危险蓄电池标志

第三节　指 示 标 志

指示标志通常为圆形，蓝底白色图标。

一、通风标志

通风标志（图 8-16）表示此处需要良好通风，否则可能导致缺氧和中毒等事故。该标志一般放置在备件库、油品库、发动机大修间和焊接室等处。

二、戴防毒面具标志

戴防毒面具标志（图 8-17）表示此处存在有毒气体，必须戴防毒面具，否则可能中毒。该标志一般放置在喷漆间和烤漆房等处。

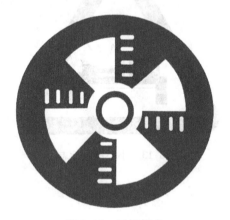

图 8-16　通风标志

图 8-17　戴防毒面具标志

三、戴防尘口罩标志

戴防尘口罩标志（图 8-18）表示此作业会产生粉尘，需戴防尘口罩，避免吸入粉尘。该标志一般放置在砂轮机等处。

四、戴护目镜标志

戴护目镜标志（图8-19）表示此作业会产生铁屑或粉尘，需戴护目镜保护眼睛。该标志一般放置在砂轮机和电钻等处。

五、注意卫生标志

注意卫生标志（图8-20）表示需保持良好的卫生状况。该标志一般放置在车间和发动机大修间等处。

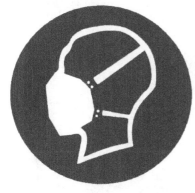  

图8-18 戴防尘口罩标志　　　　图8-19 戴护目镜标志　　　　图8-20 注意卫生标志

第四节 提 示 标 志

提示标志通常为矩形，绿底白色图标。

一、紧急出口标志

紧急出口标志（图8-21）表示发生重大灾害、事故时，可由此口逃生。

二、安全通道标志

在车间的指定通道必须放置安全通道标志，如图8-22所示。

该标志表示发生重大灾害、事故时，可由此通道逃生。安全通道标志通常带有照明装置，且有不间断电源供电，确保在灾害、事故中持续点亮。

图8-21 紧急出口标志　　　　　　　图8-22 安全通道标志

第九章　车间人身安全

- **学习要点**：

  1）车间人员着装规范。
  2）车间防护设备。
  3）车间人员的行为规范。

- **学习目标**：

  1）能够简述车间人员的着装要求。
  2）能够简述车间防护设备的使用规范。
  3）能够简述车间行为规范。

第一节　车间人员着装

一、工作服

车间工作人员，特别是维修技师，在工作时需要穿专用工作服，以最大限度减少因服装问题导致的安全事故。

如图9-1所示，工作服采用棉质材料制作，结实、柔软、耐磨，可防静电，着火后不会粘在皮肤上。使用暗式钮扣，拉链外覆防护条，以免外露的钮扣和拉链刮伤车身漆面。袖口紧裹，以免衣服卷入旋转的汽车部件或设备中。非金属扣皮带可避免损坏车身漆面和内饰件。在上衣和裤子的后部均配有荧光警示条，以起到警示后方车辆的作用。

穿着工作服（图9-2）时，要遵守以下规范：

1）穿着尺码合身的工作服。
2）拉上上衣拉链。
3）将上衣袖口收紧。
4）系非金属扣皮带。
5）保持衣服干净、整洁。

二、工作鞋

在维修车间工作时，维修技师等操作人员可能面临脚部被重物砸伤的危险，为避免伤害，必须穿着专用安全工作鞋。

1. 工作鞋的安全性（图9-3）

工作鞋的防冲压鞋头内嵌钢板，可防止坠物砸伤脚部，鞋底采用防滑橡胶制成，可降低在湿滑路面滑倒的概率。

图 9-1 工作服的安全性

图 9-2 工作服的穿着规范

图 9-3 工作鞋

2. 穿工作鞋的规范

在车间作业时必须穿工作鞋，鞋带一定要系牢，以免脱落。

第二节　车间防护设备

一、安全帽

安全帽是保护头部免受伤害的主要防护用具，如图9-4所示，在存在高处坠物或头部碰撞风险的场所工作时必须佩戴安全帽。

1）在大型零件总成下方工作时，必须戴安全帽，以防止零件或工具掉落砸伤头部。

2）在停于坡道的车辆底部工作时，必须戴安全帽，以防止车辆移动撞伤头部。

3）在车辆底部工作时，必须戴安全帽，避免头部被排气管烫伤或磕碰尖锐部件。

二、护目镜

当工作环境中有飞溅的火花、粉末或有刺激性光线时，一定要佩戴护目镜。应根据实际的工作场景选择不同类型的护目镜。

图9-4　安全帽

1. 普通护目镜

普通护目镜（图9-5）主要用于防止液体或固体飞溅入眼内，主要在下列场景中使用：

1）更换蓄电池电解液时。

2）使用砂轮机打磨零件时。

3）更换空调系统制冷剂时。

4）使用压缩空气清除车身杂物/灰尘时。

2. 特殊护目镜

特殊护目镜（图9-6）主要用于防止刺激性光线伤害眼睛，主要在进行电/气焊作业时使用。

图9-5　普通护目镜

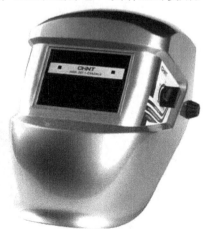

图9-6　特殊护目镜

三、护耳罩

超过 90dB 的声音就会对耳朵造成损害。在高噪声环境中工作时必须使用护耳罩(图 9-7)，确保耳膜免受损害。

进行车辆维修作业时，如果必须大声喊叫，3m 以外的人才能听见，则必须使用护耳罩。但在噪声不足以造成损害的情况下不得随意使用护耳罩，以免影响正常工作。

四、手套

在处理锋利、高温、高压和腐蚀性材料时，应佩戴正确类型的手套，以防止发生伤害事故。

1. 布手套

布手套（图 9-8）主要用于防止坚硬或锋利的部件刮伤手。搬运较重的物体时也应佩戴布手套，可起到一定的防滑作用。

图 9-7　护耳罩

图 9-8　布手套

2. 隔热手套

隔热手套（图 9-9）主要用于防止高温物体烫伤皮肤，拆卸热排气管/冷却水管时应佩戴隔热手套。

3. 防腐蚀手套

防腐蚀手套（图 9-10）主要用于防止各种油液对手部造成腐蚀性伤害，处理蓄电池电解液时应佩戴防腐蚀手套。

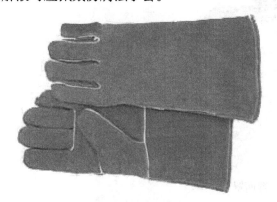

图 9-9　隔热手套

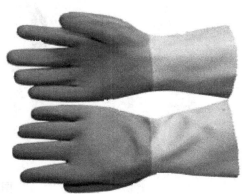

图 9-10　防腐蚀手套

4. 绝缘手套

绝缘手套（图9-11）主要用于防止触电，操作高压用电设备时应佩戴绝缘手套。

五、防尘口罩

在多尘和多烟雾环境中作业时必须佩戴防尘口罩（图9-12），以免吸入有害物质，导致呼吸系统疾病。

1）使用压缩空气清洁制动器、空气滤芯等时应佩戴防尘口罩。

2）使用砂轮机或电钻作业时应佩戴防尘口罩。

3）在通风不良且车辆尾气排放较严重时应佩戴防尘口罩。

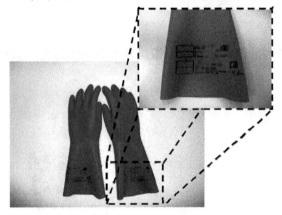

图9-11　绝缘手套

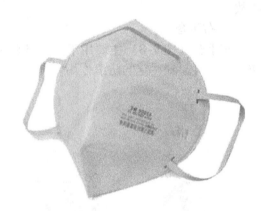

图9-12　防尘口罩

六、防毒面罩

在存在有毒气体或有害烟雾的环境中作业时必须佩戴防毒面罩（图9-13）。

1）进行焊接作业时应佩戴防毒面罩。

2）使用有毒密封剂时。

3）进行车身涂料喷涂作业时。

图9-13　防毒面罩

第十章　车间安全防范与应急处理

● **学习要点：**

1）车间防火安全。

2）车间用电安全。

3）车间用油气液安全。

4）重物搬运安全。

● **学习目标：**

1）能够简述车间防火安全规范。

2）能够简述车间用电安全规范。

3）能够简述车间油气液的危害和处理规范。

4）能够简述重物搬运规范和外伤救护方法。

第一节　车间防火安全

一、火灾预防规范

为预防火灾，应执行以下规范：

1）工作场所内要保持清洁，各种物料存放于指定位置，注意通风。

2）保证防火通道的畅通（图 10-1），出口、走道处严禁摆放任何物品。

3）车间内不得私接电源、电线，如有必要则在使用完后及时恢复。

4）使用设备时必须严格遵守操作规程，严禁违规作业。

5）避免电器、电路受潮和过载运行，防止发生短路。

6）全面禁止明火，回收的油液应使用专用密封容器存放。

图 10-1　防火通道畅通

7）灭火器箱严格按要求摆放，严禁私自挪动，保证各工位能随时取用。

8）禁止遮挡和移动灭火器及消防栓，定期检查是否正常。

9）定期进行消防演习和培训，提高消防意识和应急处理能力。

10）当日工作结束前，应检查车间内所有阀门、开关、电源是否断开，确认安全。

1. 车间环境要求

1）保证车间通道畅通，禁止摆放任何物品或停放车辆。

2）保证车间地面无杂物（如零件和工具），避免影响撤离。

3）保证地面无残余油液，避免地面湿滑。

2. 可燃物质放置

1）回收的可燃油液等应放在铁质容器中，存放于指定位置，并尽快找专业回收机构回收处理，如图10-2所示。

2）废旧轮胎不得堆积在车间内，应放置在车间外指定位置，并定期处理。

3）化学清洗剂罐应集中放置在指定区域，并远离易燃物。

4）垃圾箱周围禁止烟火。

3. 维修时放置灭火器

在更换汽油滤芯、汽油泵，以及清洗节气门时，必须保证通风良好，并将灭火器放置在维修现场，必要时断开蓄电池正极，如图10-3所示。

图10-2 可燃油液的存放

图10-3 放置灭火器

4. 设置禁止吸烟/烟火标志

车间、仓库和废品库内的特定位置，应放置"禁止烟火"或"禁止吸烟"的禁止标志，如图10-4所示。

5. 熟知灭火器及消火栓位置

应对车间中灭火器及消火栓的位置非常熟悉，如图10-5所示。

6. 熟知逃生路线

应熟知车间的逃生路线。车间显著位置应张贴消防疏散示意图，如图10-6所示。

7. 蓄电池充电环境

给蓄电池充电时，必须保证接线柱接触良好，并保持通风。现场设置禁止烟火标志。就车充电时，操作人员不许离开现场，如图10-7所示。

图 10-4 禁止吸烟标志

图 10-5 灭火器和消火栓的位置

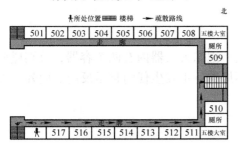

图 10-6 消防疏散示意图

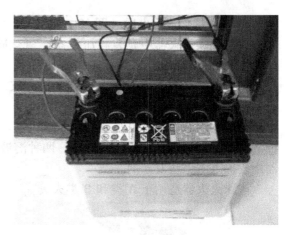

图 10-7 蓄电池充电

8. 烤漆房（图 10-8）

烤漆房等散热量大的设备附近，禁止放置可燃物，并在附近放置灭火器。

二、火灾应对规范

1. 灭火器的分类

（1）干粉灭火器（图 10-9）

干粉灭火器内充装的是磷酸铵盐干粉灭火剂。干粉由无机盐和添加剂混合而成，属微细固体粉末，干燥且易流动。

干粉灭火器适用范围如下：

A 类火灾，如木材、纸张、棉布、纤维等固体材料引起的火灾。

101

B类火灾，如油液、油脂等液体材料引起的火灾。

C类火灾，如煤气、天然气、氢气等可燃气体引起的火灾。

图10-8　烤漆房

图10-9　干粉灭火器

（2）二氧化碳灭火器（图10-10）

二氧化碳灭火器中充装高压液态二氧化碳。液态二氧化碳在常压下会立即汽化，一般1kg液态二氧化碳可产生约0.5m³气体。

二氧化碳灭火器适用于A类和B类火灾。

（3）泡沫灭火器（图10-11）

常用的泡沫灭火器是水基型泡沫灭火器。水基型泡沫灭火器内有两个容器，分别盛放两种液体，即硫酸铝和碳酸氢钠溶液，两种溶液互不接触，不发生任何化学反应。此外，灭火器中还加入了一些发泡剂。

泡沫灭火器适用于A类和B类火灾。

图10-10　二氧化碳灭火器

图10-11　泡沫灭火器

2. 检查灭火器是否可用

灭火器气压表（图 10-12）指针应指向绿色区域，否则不可使用。此外，还要检查灭火器的罐体是否完好无损，是否处于保质期内。

3. 灭火器使用方法（干粉式）

1）提起灭火器跑向火场，同时摇晃灭火器数次，如图 10-13 所示。

图 10-12 灭火器气压表

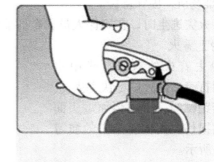

图 10-13 摇晃灭火器

2）距离起火点 5m 左右时，拔下保险销，如图 10-14 所示。

3）在距起火点 2～3m 处，一只手握住喷嘴，另一只手用力压下握把，如图 10-15 所示。不得横卧或倒置使用灭火器。

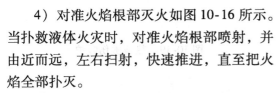

图 10-14 拔下保险销

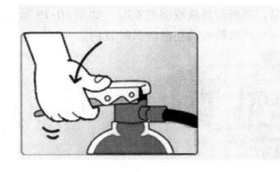

图 10-15 压下握把

4）对准火焰根部灭火如图 10-16 所示。当扑救液体火灾时，对准火焰根部喷射，并由近而远，左右扫射，快速推进，直至把火焰全部扑灭。

扑救固体火灾时，应使灭火器喷嘴对准燃烧最猛烈处，左右扫射，并尽量使干粉灭火剂均匀地喷洒在燃烧物外表，直至把火全部扑灭。

图 10-16 对准火焰根部灭火

4. 火灾逃生规范（图 10-17）

（1）火灾逃生规范

1）熟悉环境，牢记出口。

2）保持镇静，明辨方向，迅速撤离。

3）简易防护，蒙鼻匍匐。

4）善用通道，莫入电梯。

5）避难场所，固守待援。

注意：火灾逃生时，在确保人员安全的前提下，应尽快拨打火警电话。

（2）身上着火

迅速脱去着火的衣服，或用水浇，或卧倒打滚，使火焰尽快熄灭。

切忌奔跑喊叫，否则会加重头面部、呼吸道损伤。人体着火自救演习如图 10-18 所示。

5. 火灾烧伤救护

火灾烧伤救治基本原则是迅速脱离致伤源，立即冷疗，就近急救后分类转送专科医院。

（1）热液烫伤

轻微热液烫伤，先用冷水冲洗降温，再剪开热液浸湿的衣服，如图 10-19 所示。

图 10-17　火灾逃生规范

严重热液烫伤时应及时就医。

图 10-18　人体着火自救演习

图 10-19　热液烫伤救护

（2）化学烧伤

化学烧伤，如蓄电池电解液中的稀硫酸烧伤时，应迅速脱去致伤化学品浸湿的衣服，用大量清水长时间冲洗伤处。

维修车间应配置自动清洗装置或便携清洗喷淋装置，如图 10-20 所示。

（3）电烧伤

电烧伤后应立即切断电源，再接触患者。

如患者出现心跳、呼吸停止情况，立即进行体外心肺复苏和人工呼吸，如图 10-21 所示。待其呼吸、心跳恢复后，及时就近送医进一步治疗。

图 10-20 便携清洗喷淋装置

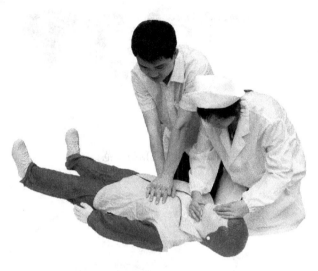

图 10-21 心肺复苏

第二节 车间用电安全

1. 做好防护工作

带电作业时，应使用安全防护工具，如绝缘棒、绝缘钳和相关测量仪表，戴绝缘手套（图 10-22），穿绝缘靴。

2. 定期检查用电设备

对各种电器设备按规定进行定期检查，如发现绝缘装置损坏、漏电和其他故障，则应及时处理。触电预防规范如图 10-23 所示。

3. 小心移动用电设备

移动非固定安装的电器设备，如电钻（图 10-24）、照明灯和电焊机等时，必须先切断电源。同时要整理好电线，不得在地面上拖来拖去，以免磨损。电线被物体压住时，不要硬拉，防止拉断。

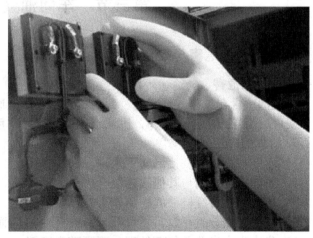

图 10-22 戴绝缘手套

4. 带电设备避免接触水（图 10-25）

在清洁设备时，严禁用水冲洗带电设备，或用湿抹布擦拭带电设备，以防发生短路和触电事故。

图 10-23　触电预防规范　　　　　　　　　　　图 10-24　电钻

图 10-25　电线不得与水接触

第三节　车间油气液安全

一、机油的危害与安全处理

1. 机油的危害

废机油中含有致癌、致突变、致畸形物质，以及废酸、重金属等，对人体危害极大，误吸、误食后会导致中毒。此外，机油对皮肤有刺激作用，长期接触可能导致皮肤癌。

2. 机油的安全处理

1）不能将废机油直接倒入下水道。

2）不能将废机油与其他液体混合。

3）不能将盛有废机油的物品作为普通垃圾丢弃。

4）在车间内分类存放，不可混合，废机油收集桶如图 10-26 所示。

5）集中交由专业承包商处理，不可随意倾倒。

二、蓄电池电解液的危害与安全处理

1. 蓄电池电解液的危害

蓄电池电解液（图 10-27）含有硫酸，对皮肤、眼睛、鼻子与喉咙有刺激性和腐蚀性，吸入20mg/L（蒸汽）×1min，就会引起头痛、头昏、虚弱、恶心和呼吸困难等症状。

此外，电解液易燃，遇明火、高热有引起火灾的危险，其蒸汽密度比空气大，扩散性强，遇明火也会燃烧。

图 10-26　废机油收集桶

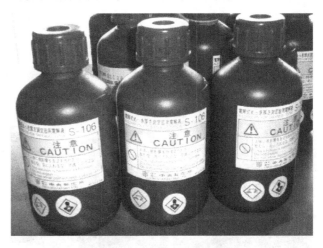

图 10-27　蓄电池电解液

2. 蓄电池电解液的安全处理

1）处理蓄电池电解液时应戴上护目镜、防护围裙和手套等防护用品，如图10-28所示。

2）完成电解液添加作业后，应将剩余电解液保存在封密容器内，弃用前需用碳酸氢钠或熟石灰中和。

3）如果电解液接触到眼睛、皮肤或衣服，应用大量水冲洗并尽早就医。

4）添加电解液过程中应保持良好通风，避免明火。

5）分类保存并由专业承包商处置。

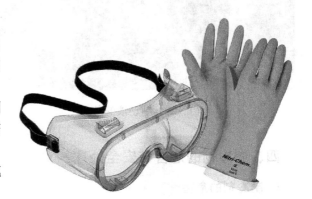

图 10-28　防护用品

三、制动液的危害与安全处理

1. 制动液的危害（图10-29）

1）制动液误入眼睛会导致不适或疼痛，对眼睛有严重刺激，会引起红肿和结膜肿胀。

2）制动液短暂接触皮肤可能会引起轻微刺激感，长时间接触会造成皮肤发红和肿胀。

3）误食制动液可能会引起腹部不适、恶心、呕吐，严重时会抑制中枢神经系统，损害肾脏等。

4）制动液呈弱碱性，对车漆有较强的溶解作用。

2. 制动液的安全处理

1）使用 DOT 认证的容器收集废制动液，如图 10-30 所示，并注明制动液专用标记。

2）由环保管理公司回收废制动液。

3）不要将制动液存放于其他油液容器中。

4）不要将制动液倒在任何排水渠中或地面上。

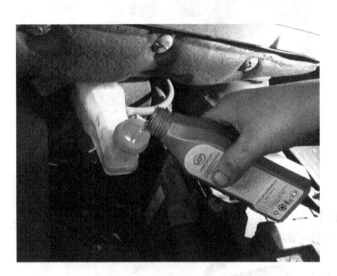

图 10-29　制动液的危害

图 10-30　制动液回收容器

四、制冷剂的危害与安全处理

1. 制冷剂的危害

1）与水蒸气混合后，制冷剂遇明火时会迅速分解生成光气、氮氟酸、盐酸、氯气、一氧化碳等有毒有害气体。

2）制冷剂本身无毒，但达到一定浓度时，在通风不畅的地方，也可能导致窒息死亡或重伤事故。

3）制冷剂接触皮肤或眼睛会造成冻伤。

4）R134a 制冷剂会加剧温室效应，如图 10-31。

5）制冷剂易燃、易爆。

2. 制冷剂的安全处理

1）添加和存放制冷剂时，均应远离明火。

2）切勿使制冷剂容器接触阳光或热源，存放环境温度不得超过 45℃。

3）任何情况下都不得将制冷剂排放到大气中，废制冷剂必须使用专用回收机（图 10-32）收集并重新利用。

4）处理制冷剂时一定要戴护目镜和全氟橡胶手套，不要戴皮质和布质手套，以冻伤。

5）制冷剂误与眼睛接触后，应立即用大量水冲洗 15min 以上，然后及时就医。

6）切勿将不同的制冷剂混合使用。

图 10-31　R134a 制冷剂容器

图 10-32　制冷剂回收机

3. 制冷剂冻伤救护

对局部冻伤要用温水（38～42℃）浸泡患处。如果只是手部冻伤，可将手放在自己的腋下升温。然后用干净纱布包裹患处，及时就医。

若患处破溃感染，则应用 65%～75% 酒精或 1% 新洁尔灭消毒，吸出水泡内的液体，外涂冻伤膏（图 10-33）、樟脑软膏等，保暖包扎。必要时应使用抗生素及破伤风抗毒素辅助治疗。

图 10-33　冻伤药膏

禁止将患处直接泡入热水中或用火烤患处，否则会使冻伤加重。

第四节　重物搬运安全

一、搬运作业规范

搬运物体是维修车间的常见工作。从地面或工作台上搬抬物体时使用正确的方法有助于减小腰部受伤的风险，如图 10-34 所示。

单人搬运物体的重量最好不要超过 20kg。从地面搬起物体时，两脚应微分开，屈膝、背部挺直，用腿部发力抬起物体，并让物体贴近身体。

如果物体上沾有油液，则应先清洁再搬运。

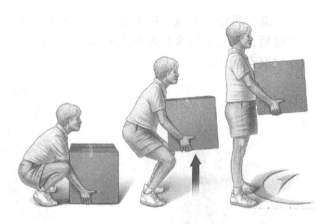

图 10-34　标准搬运姿势

二、外伤应急救护

被搬运物碰/砸伤导致轻微出血时，用凉开水、自来水或生理盐水等，先以伤口为中心，环形向四周冲洗，彻底洗净伤口，再用无菌棉签或纱布将伤口拭干。然后用消毒纱布块或干净布块敷盖保护伤口，最后用绷带包扎或胶布固定，如图 10-35 所示。

严重出血时应立即以敷料覆盖伤口，施加压力设法止血。让伤者静卧，若无骨折，则抬高伤处，待伤口血液凝块。

搬运物体导致肌肉拉伤时，首先做冷敷，用冰块敷患处，或将伤肢放入冷水中，或用自来水冲洗。冷敷后加压包扎，抬高肢体，这种方法有止血、镇痛和防肿的作用。包扎时先用海绵垫敷伤部，再用弹力绷带包扎。

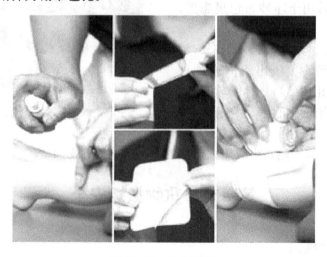

图 10-35　外伤救护

第十一章　车辆操作安全

● **学习要点：**

1）车辆驾驶与保护。
2）发动机操作安全。
3）底盘系统操作安全。
4）电气系统操作安全。

● **学习目标：**

1）能够简述车辆驾驶与保护操作规范。
2）能够简述发动机的操作安全规范。
3）能够简述底盘系统的操作安全规范。
4）能够简述电气系统的操作安全规范。

第一节　车辆驾驶与保护

一、车辆的移动安全

驾驶车辆在车间移动时需要注意以下问题（图11-1）：

1）检查车辆制动踏板及档位切换是否正常。

2）停车入位时检查周围是否有人员和障碍物。

3）严格按照规定方向及限速标志行驶。

4）车辆驶入工位时需要其他员工进行指引。

5）出入卷帘门时注意在卷帘停止动作后再行驶。

6）出入电梯时注意电梯停稳后再行驶。

图11-1　车辆移动规范

二、车辆的维修保护

在车间开展维修作业时，应使用正确的防护设备，按照防护规范来保护客户的车辆，避免车辆受损。

1. 翼子板保护垫（图 11-2）

为防止作业过程中刮伤或弄脏翼子板，需使用翼子板保护垫：

1）在发动机舱或翼子板区域作业时，需要使用翼子板保护垫。

2）注意将翼子板保护垫安装牢固，使其完全包裹住翼子板，不会滑落。

2. 地板垫、座椅套、变速杆套和转向盘套

使用地板垫、座椅和转向盘套应注意以下问题（图 11-3）：

1）进入驾驶室内进行维修作业时，应放置地板垫、变速杆套和转向盘套，如图 11-3 所示。

2）路况湿滑时，为避免地板垫损坏，应及时更换。

3）为防止作业过程中刮伤或弄脏座椅，应使用座椅套。

4）当客户试车时应摘除上述保护垫/套。

图 11-2　翼子板保护垫

图 11-3　地板垫、座椅套、变速杆套和转向盘套

三、车辆冲洗规范

1. 车辆冲洗流程

1）按照从上到下的顺序，先用清水清洗一遍，将车身上的沙尘冲洗干净。

2）使用中性洗车液和海绵擦洗车身，需要清洗油渍时，应用海绵蘸煤油或汽油轻轻擦拭。擦拭转向盘、灯具等塑料和橡胶件时，只能用普通的肥皂水，不能用有机溶剂，如汽油、去渍剂和稀释剂等。

3）使用高压水枪，以适中距离、倾斜角度清洗车身。

4）使用专用毛巾将车身擦干。

5）清理驾驶室内的烟灰缸、脚垫等。

2. 车辆冲洗作业规范

1）高压清洗机的冲洗压力很大，不得向人体喷射。

2）尽量避免清洗发动机舱，以防止水流入发动机舱中的电气元件内。

3）避免近距离长时间向内冲洗散热格栅。

4）洗车应在干净、无风、排水良好的场地进行，避免沙尘落在车身上。

第二节 发动机操作安全

一、发动机起动操作安全

在实际维修中，没有完全了解车辆情况前就起动发动机很容易酿成事故。因此应严格遵守发动机起动操作规范，如图11-4所示。

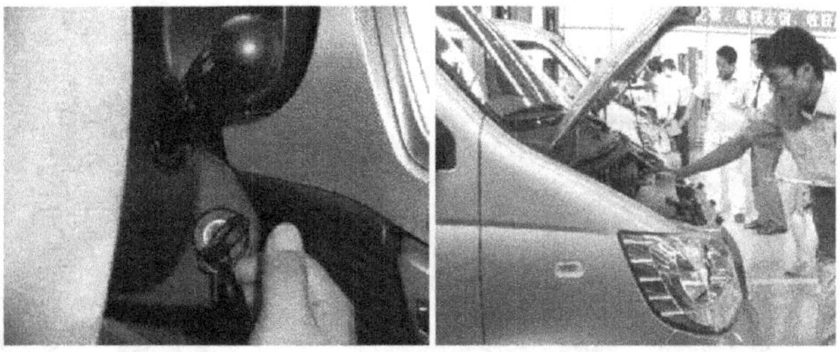

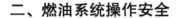

1）起动发动机前，一定要确认发动机是否处在允许起动状态，如机油是否充足，是否有拆解的部件。

图11-4 起动发动机前确认安全

2）起动发动机前，一定要确认相关操作装置是否处在允许起动状态，如相关电气元件是否有拆解，转向盘是否能正常转动和回正，变速杆是否置于N位。

3）起动发动机前，一定要与正在发动机舱区域作业的同事确认是否可以起动，避免与发动机相关的旋转件造成人身伤害。

警告：针对有发动机自动起停功能的车型，一定要在维修操作前关闭此功能。

二、燃油系统操作安全

1. 燃油操作安全

车辆燃油系统压力可达5bar（1bar=100kPa），冒然操作有致伤风险。

1）发动机正在运转时，不可对燃油系统进行维修。

2）对燃油系统进行维修时，首先对系统进行泄压处理。

泄压方法：发动机处于停机状态时，先将燃油泵熔断器取下，然后起动发动机，待其自行停机后，再对燃油系统进行维修。

3）维修燃油系统时，避免明火，不得使用移动电话。

4）维修燃油系统时，确保通风良好，避免燃油蒸气积聚。

5）维修燃油系统时，避免管路接口对人，以防燃油喷溅伤人。

2. 燃油存放安全

1）确保燃油系统部件附近没有明火和火源，遵守禁烟规定。

2）燃油存放位置应放置灭火器。

3）燃油存放位置要确保通风良好，避免在封闭场所发生燃油溢溅。

4）使用密闭容器盛装燃油，不要使用可能与燃油发生化学反应的容器，如未经特殊处理的塑料或橡胶材料，如图11-5所示。

3. 油箱拆装操作安全

1）使用专用抽油设备回收燃油。

2）拆装油箱时，确保使用正确的举升设备，必要时与其他员工配合操作，如图11-6所示。

3）拆下油箱盖后，立即将油箱口密封，避免杂物进入。

4）拆装作业完成后，必须目视检查燃油系统有无泄漏。

5）切勿携带或使用移动电话。

6）作业时应在现场备好灭火器。

图11-5　废旧燃油存放容器

图11-6　燃油箱的作业安全

第三节　底盘系统操作安全

一、轮胎操作安全

1）使用正确的防护用品和工具设备拆装轮胎。

2）不要在车辆处于举升状态时拆卸车轮。

3）要将拆下的轮胎放于轮胎车/架内，如图11-7所示，或胎侧着地放置，不得胎面着地放置，以防其倒下伤人。

4）移动轮胎时要扶稳并按正确路线滚动。

二、底盘大型部件拆装安全

1）维修操作前做好个人防护，避免刮伤和砸伤。

2）拆装底盘重物时，必须使用专用托盘千斤顶等支撑设备支撑大型部件，确保支撑稳定后再拆装螺栓，避免被砸伤，如图11-8所示。

3）拆装过程中，主修人员需要与其他维修人员相互配合操作。

4）拆下大型部件后，需要使用起重机将其从千斤顶上吊下，平稳落至平台上。

图 11-7 轮胎摆放

图 11-8 底盘大型部件的拆装

三、制动器维修操作安全

1）为避免吸入制动片产生的有害粉尘，应戴好防尘面罩。

2）对制动器进行维修时，其他人员不得对制动系统进行任何操作，避免造成人员伤害。

3）避免制动液喷溅到车身漆面上，如已发生喷溅则应及时擦拭干净。

4）维修完成后，必须目视检查制动液有无泄漏。

5）断开制动管路后，应立即将管路接口密封，避免异物进入。

6）制动钳和制动盘上不得有油渍。

第四节　电气系统操作安全

一、静电防范（图 11-9）

1）维修电气系统前，必须穿着专用棉质服装或防静电服，戴防静电工作手套，穿带导电鞋底的安全鞋。

2）作业时，保持工位清洁，移除不必要的物品，如普通塑料等。

3）避免接触可积累静电的材料，如 PE、PVC 和泡沫聚苯乙烯等。

4）对集成电路板进行维修时，需要佩戴防静电绳（五菱专用工具 VAS 6613）。

二、电器维修操作安全

1. 气体放电前照灯操作安全

1）气体放电前照灯系统（图 11-10）会产生高达 2.8 万 V 的电压，有致命危险。维修前，确保关闭前照灯并拆除蓄电池负极电缆。

2）操作时必须穿戴好防护用品（手套和护目镜）。

3）将灯座与前照灯总成分离后，切勿打开前照灯开关或测试灯泡及相关变压器。

4）切勿触碰灯泡的玻璃部分，以免影响其使用寿命。

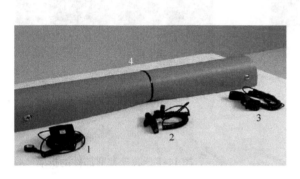

图 11-9　防静电套装
1—插头型搭铁线　2—夹嘴型搭铁线
3— 腕套　4— 防护垫

图 11-10　气体放电前照灯

2. 电路维修安全

1）维修电路前，断开蓄电池负极。维修后确认没有问题后再接通电源。

2）涉及安全系统的线束不允许维修，如乘员保护系统（SRS）点火电路。

3）剥除导线保护层时，应使用专用剥线钳，避免拉断。

4）连接导线时，必须使用带胶衬的热缩套管，并注意标号和颜色，以免接错。

5）安装线束时，按原位固定，确认线束间无挤压或缠绕。

6）不要尝试维修或改造已损坏的电器插头。

3. 熔丝（图 11-11）**使用安全**

更换熔断器时，应确保新熔断器与原熔断器规格一致，不得使用高于原规格的熔断器，如图 11-11 所示。

三、蓄电池操作安全

1. 充电安全

1）蓄电池充电时会产生易燃易爆的氢氧混合气，因此应避免其附近存在任何火源，如图 11-12 所示。

2）连接充电器时，先连接正极，再连接负极。断开充电器时，先断开负极，再断开正极。

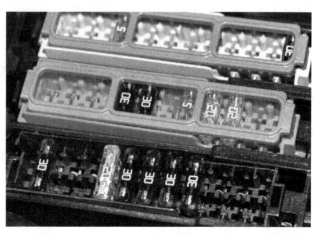

图 11-11　熔断器

3）蓄电池就车充电时，需要进行现场监控。

4）确保蓄电池充电区域通风良好，处理废旧蓄电池时佩戴护目镜、防护围裙和手套等保护用品。

5）禁止快速高电流充电，充电电压不得高于 14.8V。

6）充电时注意选择正确的档位，保证电极与充电线接触良好，避免产生热电阻。充电时充电机的电源线必须接触良好。

图 11-12　蓄电池充电

2. 电极安全

1）蓄电池电极含有铅，处理时要戴好手套等保护用品，事后及时洗手。

2）电极出现腐蚀时，使用钢丝刷或细砂纸打磨，凝结的接线端子使用热水清除，不可野蛮操作，如图 11-13 所示。

3）电缆与正负极柱需要按标准力矩拧紧，拧紧力矩过小会导致两者接触不良，进而造成极柱过热，拧紧力矩过大会造成极柱断裂。

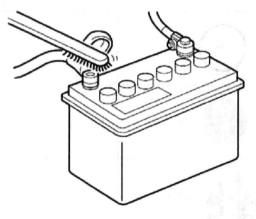

图 11-13　正确处理蓄电池电极

第十二章 实训指导

活动一：车间安全规定分组讨论

	训练情景	▪ 某上市经销商集团根据长期规划，准备设立多家门店，因此在当地高职和大专院校招聘了很多汽车专业学生直接到车间学徒，采用"师傅带徒弟"的方式进行培养，希望这些学徒多动手，能够快速独挡一面。但在实际培养中出现了一系列问题，请根据不同问题完成活动任务
	训练任务	▪ 任务1：针对事故案例讨论车间安全的意义 ▪ 任务2：针对事故案例讨论车间各岗位人员的安全职责 ▪ 任务3：针对事故案例讨论事故发生的原因 ▪ 任务4：针对事故案例讨论车间人员如何进行安全防范
	训练目标	▪ 目标1：说出车间安全的重要意义 ▪ 目标2：说出车间人员对车间安全应当承担的责任 ▪ 目标3：说出车间事故的原因 ▪ 目标4：说出车间人员应如何防范事故发生
	训练时间	▪ 25min
	注意事项	▪ 无
	训练实施条件	▪ 无
	训练所需物品	▪ 学生教材
	故障设置	▪ 无

学生组织与安排

分两组进行，完成后换组。

时间	组别	任务	操作对象
0～5min	A、B	任务1：针对事故案例讨论车间安全的意义	案例
8～11min	A、B	任务2：针对事故案例讨论车间各岗位人员的安全职责	案例
5～8min	A、B	任务3：针对事故案例讨论事故发生的原因	案例
11～15min	A、B	任务4：针对事故案例讨论车间人员如何进行安全防范	案例
15～20min	A、B	讨论	
20～25min	A、B	学生自评、老师点评	

训练任务

任务1　针对事故案例讨论车间安全的意义

一、任务说明

案例1：技师甲在操作举升机时，车辆意外从举升机上翻下，造成技师乙肋骨、肺部严重受伤，可能终生失去劳动能力。技师乙为家中独子，家长非常气愤，要求巨额赔偿，因与4S店协商不能达成一致，最终将4S店起诉。

案例2：客户甲的车在某4S店维修时被意外损坏，该店在未告知客户甲的情况下私自将该车修复，但事后被客户甲发现。客户甲对此十分不满，将此事告知当地媒体，当地媒体报道后，使该4S店所属经销商集团的品牌形象受到极大影响。

根据此背景完成任务1。

二、任务内容

1. 此次事故会对技师乙及其家庭造成怎样的影响？

① 乙在身体上遭受痛苦
② 乙失去劳动力，意味着其未来生活只能依靠父母，精神上也很痛苦
③ 乙的治疗费和未来生活费都需要父母承担，造成家庭生活困难
④ 乙的受伤使父母精神上受到极大打击

2. 车间出现这样的安全事故会对经销商造成什么影响？

① 经销商经济上受到损失
② 被起诉后经销商声誉会受影响
③ 负面信息会迅速在网络上传播，严重影响经销商品牌形象

3. 该4S店处理事故的方式会对集团品牌造成怎样的影响？

影响品牌形象，影响品牌销售业务

4. 老师点评

针对学生的回答，进行补充和总结

任务2：针对事故案例讨论车间各岗位人员的安全职责

一、任务说明

背景：针对任务1中的事故，公司后期调查得知，车辆完成四轮定位后，师傅让技师甲把车辆从四柱举升机上降下来。随后便走开去忙其他工作。技师甲一边操作四柱举升机，一边和同组的技师乙聊天，没有关注举升机。后举升机因解锁故障倾斜，导致车辆突然从举升机上翻下。

二、任务内容

1. 分析车间管理人员在此次事故中应负的责任。

① 没有针对新技师做必要的安全培训或进行安全教育
② 设备故障没有及时发现并处理
③ 没有给新技师提供安全用品

2. 分析相关技师在本次事故中应负的责任。

① 师傅离开现场，没有起到监督作用
② 技师甲在操作举升机时没有做到全神贯注

3. 老师点评

针对学生的回答，进行补充和总结

任务3：针对事故案例讨论事故发生的原因

一、任务说明

根据提示分析案例（任务1和任务2）中事故发生的原因。

二、任务内容

1. 环境因素

设备维护不及时，故障隐患没有及时发现

2. 人为因素

① 师傅离岗，监督缺失
② 技师甲操作不认真

3. 老师点评

针对学生的回答，进行补充和总结

任务4：针对事故案例讨论车间人员如何进行安全防范

一、任务说明

分析此次安全事故（案例），总结车间应怎样进行安全防范，避免事故发生。

二、任务分析

1. 总结车间安全防范措施

① 安全培训
② 专业设备
③ 安全防护
注：建议学生自由发挥，老师总结

2. 老师点评

针对学生的回答，进行补充和总结

活动二：车间警示标志含义讨论

训练情景	作为新入职员工，必须准确识别车间的各种危险警示、指示标志 危险警示、指示识别是车间入职培训的重中之重
训练任务	▪ 任务1：实训场所警示标志识别 ▪ 任务2：车间警示标志含义和放置位置 ▪ 任务3：根据含义和放置位置找出车间警示标志
训练目标	▪ 目标1：能够识别车间警示标志 ▪ 目标2：能够说出车间警示标志含义和放置位置 ▪ 目标3：能够根据含义和放置位置找出警示标志
训练时间	▪ 25min
注意事项	▪ 注意车间安全 ▪ 按照车间规定路线行走 ▪ 不得掉队
训练实施条件	▪ 无
训练所需物品	▪ 工具：禁止闭合电源开关标志、禁止装心脏起搏器人员靠近标志、小心滑倒标志、高温标志、剧毒标志、腐蚀性标志，防毒面具佩戴标志、易爆标志、高压警告/危险蓄电池标志、腐蚀性标志、通风标志、安全通道标志、禁止吸烟标志 ▪ 资料：学生教材
故障设置	▪ 无

学生组织与安排

分两组进行，完成后进行换组。

时间	组别	任务	操作对象
0～8min	A、B	任务1：实训场所警示标志识别	标志
8～12min	A、B	任务2：车间警示标志含义和放置位置	标志
12～17min	A、B	任务3：根据含义和放置位置找出车间警示标志	标志
17～20min	A、B	讨论	
20～25min	A、B	学生自评、老师点评	

训练任务

任务1：实训场所警示标志识别

任务操作

学生到实训车间的指定位置，找到相关的警示、指示标志，并记录标志的名称。

1. 车间入口处

限速5km/h标志

2. 机油存放处

易燃标志、剧毒标志、小心滑倒标志

3. 垃圾存放处

禁止烟火标志、易燃标志

4. 轮胎存放处

禁止烟火标志、易燃标志

5. 配电箱

防触电标志

6. 蓄电池充电室

通风标志、易爆标志、儿童远离标志、禁止烟火标志

7. 是否发现车间有的位置没有摆放必要标志，你认为应摆放哪种标志？

根据实际情况填写

任务2：车间警示标志含义和放置位置

任务操作

老师发放给学生以下标志，学生到车间找到放置位置并记录。

序号	标志	放置位置
1		蓄电池充电处、汽油存放处、安全气囊包装箱或存放处等
2		高压蓄电池存放处
3		腐蚀性风险，蓄电池电解液等具有腐蚀性的物品存放处
4		可能产生有毒气体或液体的工作场所
5		高温物品或设备放置区域，如烤漆房等
6		需要良好通风的场所，如车间、备件库、油品库、大修间、焊接室等

（续）

序号	标志	放置位置
7	安全通道	安全通道入口处
8		存放易燃品的区域，如备件库、油品库、喷漆间和充电室

任务3：根据含义和放置位置找出车间警示标志

任务操作

老师发放一些警示、指示标志给学生，说明标志的含义，学生拿出对应的标志，并说明可能放置位置。

含义	位置	对应的符号
此处电源开关禁止闭合	一般放置在电源箱内部	
佩戴心脏起搏器者不得靠近	一般放置在较大功率的天线旁	
小心行走，以免摔倒	发动机大修间等	
请勿触摸，以免烫伤	烤漆房等	
可能产生有毒气体或液体	机油存放位置等	
此物品存在腐蚀性，请勿接触皮肤	蓄电池电解液存放处	
存在有毒气体，必须戴防毒面具	喷漆间、烤漆房等	
此作业会产生铁屑或粉尘，需戴护目镜保护眼睛	砂轮机等设备附近	

训练一：车间人身安全规范

	训练情景	▪作为维修技师，必须关注车间安全，发现不安全的行为，应及时提醒或向上级汇报
	训练任务	▪任务1：车间人员着装规范 ▪任务2：车间人员防护用品使用规范 ▪任务3：车间人员车间行为规范
	训练目标	▪目标1：说出车间人员的着装规范 ▪目标2：说明车间防护用品的使用规范 ▪目标3：说出车间人员的行为规范
	训练时间	▪30min
	注意事项	▪注意保护设备
	训练实施条件	▪无
	训练所需物品	▪设备：护目镜、防毒面具、工作服 ▪资料：学生教材
	故障设置	▪无

学生组织与安排

分两组进行，分别使用工作服和防护用品进行训练，完成后换组。

时间	组别	任务	操作对象
0～8min	A、B	任务1：车间人员着装规范	工装
8～12min	A、B	任务2：车间人员防护用品使用规范	防护设备
12～17min	A、B	任务3：车间人员车间行为规范	案例
17～20min	A、B	讨论	
20～25min	A、B	学生自评、老师点评	

训练任务

任务1：车间人员着装规范

一、任务说明

老师任意选派两名学生穿工作服、工作鞋等防护用品，其他学生观察并讨论哪些地方不符合安全规范。

提示：穿戴过程既可由学生自主完成，也可由老师引导完成。

二、任务准备

1. 训练物品准备

列举此项任务所需的工具、设备、资料与辅料。

> 资料：学生教材

2. 支持知识准备

查阅合适的资料，写出与此项训练任务相关的知识。

> 车间人员着装

三、任务操作

1. 操作步骤与要点

> 根据实际情况填写

2. 老师点评

> 根据实际情况填写

任务2：车间人员防护用品使用规范

一、任务说明

老师戴护目镜、防毒面具和防尘口罩等防护用品，让学生指出哪些穿戴方式不正确并记录。

项目	错误点
护目镜	
防毒面具	
防尘口罩	

二、任务准备

1. 训练物品准备

列举此项任务所需的工具、设备、资料与辅料。

资料：学生教材

2. 支持知识准备

查阅合适的资料，写出与此项训练任务相关的知识。

安全帽、护目镜、防尘口罩、防毒面具等

三、任务操作

1. 操作步骤与要点

无固定答案，根据教材判断穿戴方式是否正确

2. 老师点评

根据实际情况填写

任务3：车间人员车间行为规范

案例：技师甲和技师乙在同一组工作，某天中午，客户开车进厂更换制动片，由甲主修。甲更换完制动片后去吃饭，乙则在车间休息室休息。此时，服务顾问要求交车（即更换制动片的车辆），乙检查确认车辆已经修完。乙将车开出车间大门时，发现技师丙正站在车间门口，便想吓唬丙，没有提前踩制动踏板减速。到接近丙时，乙突然发觉制动踏板脚感特别软，车辆并没有停下。由于车间门口是下坡路，加之车速较快，车辆直接撞在丙的腰部，导致丙腰椎严重受伤，基本丧失劳动能力。

1. 分析以上案例，三位技师有哪些行为不符合安全规范？

① 技师甲与技师乙工作没做交接，技师甲应将维修情况告知技师乙

② 技师乙在交车前应与技师甲沟通

③ 车速不应超过 5km/h

④ 技师丙不应站在车间门口

2. 老师点评

训练二：防 火 安 全

	训练情景	▪ 4S 店领导要求你在消防演习中向大家演示灭火器的使用方法
	训练任务	▪ 任务1：灭火器的使用 ▪ 任务2：火灾逃生路线和方法演习
	训练目标	▪ 目标1：掌握灭火器的使用方法 ▪ 目标2：掌握火灾逃生的方法和路线
	训练时间	▪ 30min

（续）

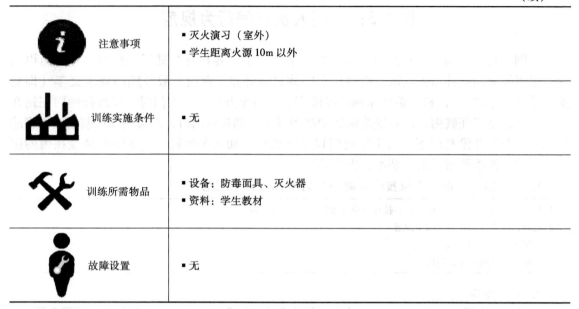

	注意事项	▪ 灭火演习（室外） ▪ 学生距离火源10m以外
	训练实施条件	▪ 无
	训练所需物品	▪ 设备：防毒面具、灭火器 ▪ 资料：学生教材
	故障设置	▪ 无

学生组织与安排

分两组进行，使用灭火器进行训练，完成后换组。

时间	组别	任务	操作对象
0～10min	A	任务1：掌握灭火器的使用方法	灭火器
10～20min	B	任务2：火灾逃生路线和方法演习	
20～25min	A、B	讨论	
25～30min	A、B	学生自评、老师点评	

训练任务

任务1：灭火器的使用方法

一、任务说明

步骤一：

步骤二：

步骤三：

步骤四：

二、任务准备

1. 训练物品准备

列举此项任务所需的工具、设备、资料与辅料。

资料：学生教材
工具：灭火器、防毒面具

2. 支持知识准备

查阅合适的资料，写出与此项训练任务相关的知识。

车间防火安全

三、任务操作

1. 操作步骤与要点

① 取出灭火器，晃动罐体
② 拔掉保险销
③ 对准火焰根部，距离3m
④ 一手握住握把，另一手握住喷管

2. 操作结果分析

使用灭火器前，应检查灭火器指针是否在绿色范围内，如果不在则不能使用
灭火时要对准火焰根部

任务2：火灾逃生路线和方法演习

一、任务说明

火势较小时，可使用灭火器灭火。如果火势较大，则首先要做的是按照逃生路线撤离，在车间（结合经销商的维修车间）找到合理的逃生路线以及逃生安全通道的位置，并说明逃生的方法。

操作1：火灾逃生路线

1. 所在车间消防逃生路线图的位置

2. 在车间逃生路线图上找到出口位置，安全出口位置有几个？

3. 按照消防逃生路线图行走，找到所有"安全出口标志"，共有几个"安全出口"标志？

操作2：逃生时的应对措施

1. 四楼车间烟雾很大，但是可以看到"安全出口"指示灯，此时的应对措施是：

2. 火势很大，已经无法辨别方向，此时的应对措施是：

二、任务准备

1. 训练物品准备

列举此项任务所需的工具、设备、资料与辅料。

> 资料：学生教材

2. 支持知识准备

查阅合适的资料，写出与此项训练任务相关的知识。

> 车间防火安全

三、任务操作

> 问题一：
> 寻找逃生路线，建议按照实际经销商的标准来完成练习
> 问题二：
> 第1问：湿布捂鼻，弯腰或匍匐前进，不坐电梯，按照安全指引路线行走
> 第2问：找到没有起火，且有密闭门的房间，等待救援

训练三：车间危害操作工序

	训练情景	▪ 在车间每天都会接触到汽油、机油和冷却液等油液，如果不注意防护，就会对健康造成损害
	训练任务	▪ 任务1：车间油气液危害分组讨论 ▪ 任务2：车间油气液危害原因分析 ▪ 任务3：车辆移动演示（老师操作） ▪ 任务4：车辆防护操作 ▪ 任务5：车辆起动安全操作 ▪ 任务6：轮胎安全操作 ▪ 任务7：静电防护操作 ▪ 任务8：电器维修安全操作 ▪ 任务9：蓄电池安全操作

(续)

	训练目标	■ 目标1：能够说出油气液的危害 ■ 目标2：能够说明车辆移动的注意事项 ■ 目标3：能够正确地进行车辆防护 ■ 目标4：能够说出车辆起动的安全操作方法 ■ 目标5：能够说出轮胎操作时的注意事项 ■ 目标6：能够说出静电防护操作方法 ■ 目标7：能够说明电器维修安全操作方法 ■ 目标8：能够说明蓄电池的安全操作方法
	训练时间	■ 60min
	注意事项	■ 无
	训练实施条件	■ 无
	训练所需物品	■ 资料：学生教材 ■ 辅料：汽油损坏皮肤图片，机油损坏皮肤图片、制冷剂冻伤图片、制动液腐蚀漆面图片、蓄电池电解液损坏皮肤图片
	故障设置	■ 无

学生组织与安排

共同练习，使用有关图片进行训练。

时间	组别	任务	操作对象
0～5min	A、B	任务1：车间油气液危害分组讨论	灭火器
5～10min	A、B	任务2：车间油气液危害原因分析	
10～15min	A、B	任务3：车辆移动演示（老师操作）	五菱汽车
15～20min	A、B	任务4：车辆防护操作	五菱汽车
20～25min	A、B	任务5：车辆起动安全操作	五菱汽车
25～30min	A、B	任务6：轮胎安全操作	五菱汽车
30～35min	A、B	任务7：静电防护操作	五菱汽车
35～40min	A、B	任务8：电器维修安全操作	五菱汽车
45～50min	A、B	任务9：蓄电池安全操作	五菱汽车
50～55min	A、B	讨论	
55～60min	A、B	学生自评、老师点评	

训练任务

任务1：车间油气液危害分组讨论

一、任务说明

2~3人一组，分别讨论汽油、机油、汽车尾气和制动液对身体的危害？

二、任务准备

1. 训练物品准备

列举此项任务所需工具、设备、资料与辅料。

资料：学生教材

2. 支持知识准备

查阅合适的资料，写出与此项训练任务相关的知识。

车间油气液安全

三、任务操作

1. 汽油

易燃、吸干皮肤油脂、损坏呼吸系统

2. 机油

有剧毒、能致癌、燃烧后产生毒气、污染水资源

3. 汽车尾气

尾气中含有 CO，能使人窒息

尾气中的 NO_x 能导致酸雨、腐蚀植物等，还能产生光化学烟雾，损坏呼吸系统，HC 能致癌

4. 制动液

刺激皮肤、腐蚀车身漆面

任务2：车间油气液危害原因分析

一、任务说明

分析车间油气液危害原因。

二、任务准备

1. 训练物品准备
列举进行此项任务所需工具、设备、资料与辅料。

资料：学生教材

2. 支持知识准备
查阅合适的资料，写出与此项训练任务相关的知识。

车间油气液安全

三、任务操作

1. 图示为技师在维修中不当使用油气液引起的人身或车辆损伤，判断损伤是由哪种油气液导致的。

图片	说明	结论
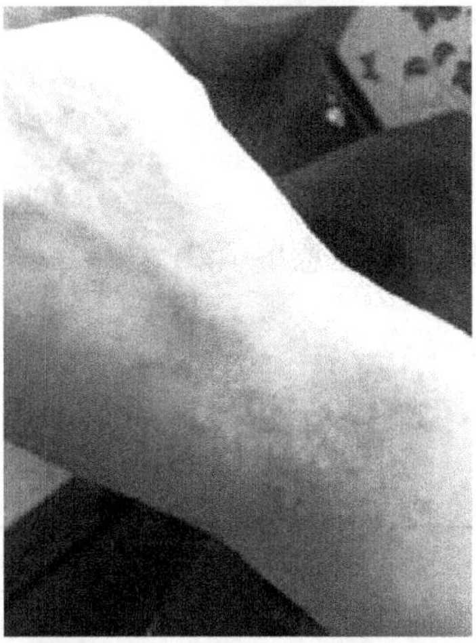	图中技师所患为接触性皮炎，可能是长期接触哪种油液造成的？	汽油或机油
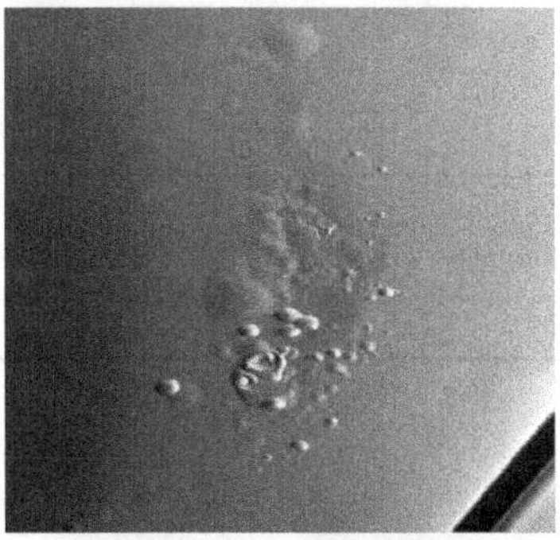	图中的车身漆面是被哪种液体腐蚀的？	蓄电池电解液
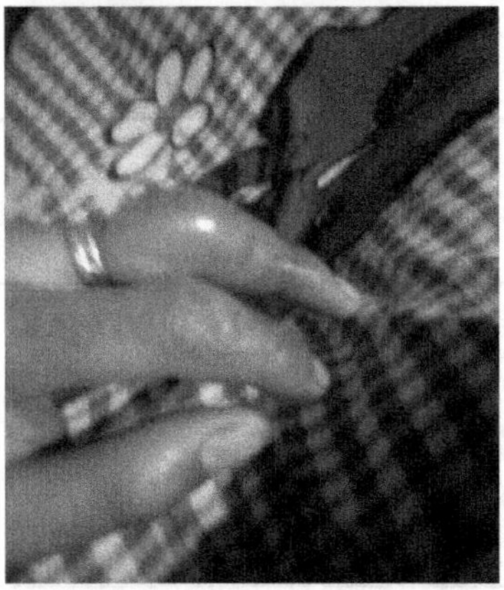	图中技师手上的水泡是维修空调时产生的，致伤的是哪种液体？	制冷剂

2. 老师点评

任务3：车辆移动演示（老师操作）

一、任务说明

质检员派工后，老师移动车辆，根据观察，写出移动车辆时的注意事项。

二、任务准备

1. 训练物品准备

列举此项任务所需工具、设备、资料与辅料。

资料：学生教材

2. 支持知识准备

查阅合适的资料，写出与此项训练任务相关的知识。

车辆驾驶与保护

三、任务操作

① 驾驶车辆前检查车辆制动踏板及变速杆操作是否正常
② 停车入位时检查周围是否有人员和障碍物
③ 严格按照规定方向及限速行驶
④ 车辆驶入工位时需要其他员工指引
⑤ 车辆出入卷帘门时待卷帘停止动作再行驶
⑥ 车辆出入电梯时注意电梯停稳时再行驶

任务4：车辆防护操作

一、任务说明

老师将车停放入位后，安装翼子板垫、前保险杠防护垫、座椅套、脚垫和转向盘套等防护装置。

二、任务准备

1. 训练物品准备

列举此项任务所需工具、设备、资料与辅料。

资料：学生教材
翼子板垫、前保险杠保护垫、座椅套、脚垫和转向盘套

2. 支持知识准备

查阅合适的资料，写出与此项训练任务相关的知识。

车辆维修保护

三、任务操作

① 安装翼子板垫和前保险杠保护垫
② 前照灯点亮、发动机运转时不可遮挡前照灯和散热器
③ 安装座椅套、脚垫和转向盘套

任务 5：车辆起动安全操作

一、任务说明

起动车辆前需要检查哪些项目？两人一组，一人负责检查，另一人负责记录检查内容。

二、任务准备

1. 训练物品准备

列举此项任务所需工具、设备、资料与辅料。

资料：学生教材

2. 支持知识准备

查阅合适的资料，写出与此项训练任务相关的知识。

车辆起动操作安全

三、任务操作

① 起动车辆前，一定要确认发动机是否处在允许起动状态，如机油是否充足，是否有拆解的部件

② 起动车辆前，一定要确认与起动相关的操作装置是否处在允许起动状态，如转向盘是否能正常转动和回正，变速杆是否置于 N 位

③ 起动车辆前，一定要与正在发动机舱旁作业的同事确认是否可以起动，避免造成人员伤害

任务 6：轮胎安全操作

一、任务说明

规范拆装轮胎，拆卸前回答以下问题：

1. 拆卸轮胎前，应准备哪些防护物品？

2. 举升车辆，但不要让轮胎离开地面，松开轮胎紧固螺栓。继续举升车辆，不要太高，适合取下轮胎即可。举升车辆前应检查确认哪些项目？

3. 拆下的轮胎应怎样放置？

4. 安装轮胎前需要清洁哪些部件？

5. 轮胎螺栓的拧紧顺序和力矩有什么要求？

二、任务准备

1. 训练物品准备

列举此项任务所需工具、设备、资料与辅料。

资料：学生教材
工具：防护手套、套筒扳手

2. 支持知识准备

查阅合适的资料，写出与此项训练任务相关的知识。

底盘系统操作安全

三、任务操作

1. 操作步骤与要点

① 戴防护手套

② 检查举升支点位置是否正确，车门是否关严，车辆附近有无障碍物等

③ 将轮胎放置在轮胎架上

④ 检查轮毂固定面上有无铁锈等

⑤ 按照对角原则紧固轮胎螺栓

2. 操作结果分析

举升前不检查，容易导致车辆在举升机上倾斜或碰到障碍物

不清除轮毂固定面上的铁锈，容易导致轮胎不能完全紧固

任务7：静电防护操作

任务说明

客户抱怨汽车发动机故障灯点亮，经过检查发现发动机 ECU 的端子弯曲，需要校正，根据工作内容，回答以下问题：

1. 在操作 ECU 等电子元件时，首先应注意的是什么？

注意静电防护

2. 哪些材质的衣物容易产生静电？

纤维材质

3. 维修 ECU 时怎样消除静电？

穿防静电服、导电鞋，戴防静电手套，操作 ECU 时拴防静电绳

4. 静电会造成怎样的危害？

损坏 ECU

任务8：电器维修安全操作

任务说明

客户车的左侧前照灯氙气灯泡损坏，需要更换新灯泡，更换前请说明注意事项，回答以下问题：

1. 氙气灯的工作电压是多少？

2. 为防止电击，拆卸氙气灯前需要做什么？

3. 安装氙气灯时需要注意什么？

4. 更换氙气灯时需要哪些防护用品？

任务 9：蓄电池安全操作

一、任务说明

操作 1：客户车蓄电池严重亏电，需要将蓄电池拆下放在车间充电，在连接充电器前，请先思考以下问题：

1. 蓄电池有哪些危害？

2. 蓄电池需要怎样的充电环境？

3. 蓄电池对充电电压有什么要求？充电时的注意事项有哪些？

操作 2：连接充电器为蓄电池充电。充电线与蓄电池极柱接触不良可能导致什么后果？

二、任务准备

1. 训练物品准备
列举此项任务所需工具、设备、资料与辅料。

资料：学生教材
充电器、蓄电池

2. 支持知识准备

查阅合适的资料，写出与此项训练任务相关的知识。

蓄电池安全操作

三、任务操作

1. 操作步骤与要点

① 有腐蚀性、有剧毒、易爆
② 通风、禁止烟火
③ 充电电压不超过 14.8V
④ 充电器正极连接蓄电池正极，充电器负极连接蓄电池负极，要求接触良好

2. 操作结果分析

第十三章　实操认证评分

活动一：车间安全规范分组讨论

	学生姓名	
	单位名称	
	成绩 （总分100分）	
	训练时间	▪ 40min
	操作内容	▪ 针对事故案例讨论车间安全的意义 ▪ 针对事故案例讨论事故发生的原因 ▪ 针对事故案例讨论车间各岗位人员的安全职责 ▪ 针对事故案例讨论车间人员如何进行安全防范
	考核方向	▪ 说出车间安全的意义 ▪ 说出车间事故的原因 ▪ 说出车间人员应承担的车间安全责任 ▪ 说出车间人员应如何防范事故
	工具设备	▪ 资料、学员手册、实操练习单
	故障现象	▪ 无
	故障设置	▪ 无

评分标准

项目	要点说明	得分	备注
车间安全	学习态度，5分		
	课堂纪律，3分		
	积极参与分组讨论，5分		
	论据、论点与课程目标吻合，7分		
	主动发言，5分（加分项）		
车间各岗位人员的安全职责	学习态度，5分		
	课堂纪律，3分		
	积极参与分组讨论，5分		
	论据、论点与课程目标吻合，7分		
	主动发言，5分（加分项）		
事故发生的原因	学习态度，5分		
	课堂纪律，3分		
	积极参与分组讨论，5分		
	论据、论点与课程目标吻合，7分		
	主动发言，5分（加分项）		
安全防范	学习态度，5分		
	课堂纪律，3分		
	积极参与分组讨论，5分		
	论据、论点与课程目标吻合，7分		
	主动发言，5分（加分项）		

活动二：车间警示标志含义讨论

	学生姓名	
	单位名称	
	成绩（总分100分）	
	训练时间	▪30min

（续）

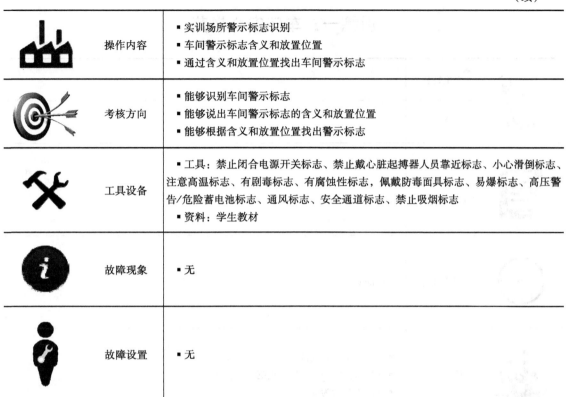	操作内容	▪ 实训场所警示标志识别 ▪ 车间警示标志含义和放置位置 ▪ 通过含义和放置位置找出车间警示标志
	考核方向	▪ 能够识别车间警示标志 ▪ 能够说出车间警示标志的含义和放置位置 ▪ 能够根据含义和放置位置找出警示标志
	工具设备	▪ 工具：禁止闭合电源开关标志、禁止戴心脏起搏器人员靠近标志、小心滑倒标志、注意高温标志、有剧毒标志、有腐蚀性标志，佩戴防毒面具标志、易爆标志、高压警告/危险蓄电池标志、通风标志、安全通道标志、禁止吸烟标志 ▪ 资料：学生教材
	故障现象	▪ 无
	故障设置	▪ 无

评分标准

项目	要点说明	得分	备注
禁止标志识别	积极参与讨论，8分		
	正确识别各种标志，5分		
	准确说出各种标志的放置位置，5分		
	正确解释各种标志的意义，7分		
警告标志识别	积极参与讨论，8分		
	正确识别各种标志，5分		
	准确说出各种标志的放置位置，5分		
	正确解释各种标志的意义，7分		
指示标志识别	积极参与讨论，8分		
	正确识别各种标志，5分		
	准确说出各种标志的放置位置，5分		
	正确解释各种标志的意义，7分		
提示标志识别	积极参与讨论，8分		
	正确识别各种标志，5分		
	准确说出各种标志的放置位置，5分		
	正确解释各种标志的意义，7分		

训练一：车间安全规范

	学生姓名	
	单位名称	
	成绩 （总分 100 分）	
	训练时间	▪ 65min
	操作内容	▪ 车间人员着装规范 ▪ 车间人员防护用品使用规范 ▪ 车间人员行为规范
	考核方向	▪ 说出车间人员的着装规范 ▪ 说明车间防护用品的使用规范 ▪ 说出车间人员的行为规范
	工具设备	▪ 设备：护目镜、防毒面具、工作服 ▪ 资料：学生教材
	故障现象	▪ 无
	故障设置	▪ 无

评分标准

项目	要点说明	得分	备注
人员着装规范	积极参与讨论，10 分		
	正确穿着工作服，10 分		
	正确解释工作服的作用，10 分		
	正确复述工作状态下的着装、仪表要求，5 分		
防护用品使用规范	积极参与讨论，10 分		
	正确识别各类安全防护用品，10 分		
	正确使用各类安全防护用品，10 分		
	正确解释各类防护用品的作用，10 分		
车间行为规范	积极参与讨论，10 分		
	正确复述车间行为规范，5 分		
	准确完成标准操作，5 分		
	正确解释行为规范的意义，5 分		

训练二：防火安全

	学生姓名	
	单位名称	
	成绩 （总分 100 分）	
	训练时间	▪ 30min
	操作内容	▪ 灭火器的使用 ▪ 火灾逃生路线和方法演习
	考核方向	▪ 掌握灭火器的使用方法 ▪ 掌握火灾逃生的方法和路线

（续）

	工具设备	▪ 设备：防毒面具、灭火器 ▪ 资料：学生教材
	故障现象	▪ 无
	故障设置	▪ 无

评分标准

项目	要点说明	得分	备注
灭火器使用	积极参与讨论，5分		
	正确识别各类灭火器，10分		
	正确说出各类灭火器的用途，20分		
	规范操作灭火器，15分		
火灾紧急处理	积极参与讨论，5分		
	准确掌握火灾处置方法，20分		
	准确掌握火灾安全撤离方法，10分		
	准确掌握火灾受伤人员急救方法，15分		

训练三：车间油气液使用规范

	学生姓名	
	单位名称	
	成绩 （总分100分）	
	训练时间	▪ 30min

（续）

	操作内容	▪ 车间油气液危害分组讨论 ▪ 车间油气液危害原因分析 ▪ 车辆移动演示（老师操作） ▪ 车辆防护操作 ▪ 车辆起动安全操作 ▪ 轮胎安全操作 ▪ 静电防护操作 ▪ 电器维修安全操作 ▪ 蓄电池安全操作
	考核方向	▪ 能够说出油气液的危害 ▪ 能够说出移动车辆的注意事项 ▪ 能够正确进行车辆防护 ▪ 能够说出车辆起动安全操作规范 ▪ 能够说出轮胎操作注意事项 ▪ 能够说出静电防护操作规范 ▪ 能够说出电器维修操作安全规范 ▪ 能够说出蓄电池操作安全规范
	工具设备	▪ 资料：学生教材 ▪ 辅料：汽油损坏皮肤图片，机油损坏皮肤图片、制冷剂冻伤图片、制动液腐蚀车身漆面图片、蓄电池电解液损坏皮肤图片
	故障现象	▪ 无
	故障设置	▪ 无

评分标准

项目	要点说明	得分	备注
学习态度	积极参与讨论，10 分		
气油液危害	说出车间废气、废液、废油的危害，10 分		
	复述车间废气、废液、废油的正确处置方法，10 分		
车辆移动	说出车间移动车辆的标准，5 分		
	规范执行车间移动车辆操作，5 分		
车辆保护	说出车辆保护标准，5 分		
	规范执行车辆保护操作，5 分		
车辆起动	说出起动车辆前的注意事项，5 分		
	规范执行车辆起动操作，5 分		
轮胎操作	说出轮胎拆卸、保存和安装规范，5 分		
	规范执行轮胎拆卸、保存和安装操作，5 分		
静电防护	说出车间静电防护的意义，5 分		
	复述车间静电防护的方法，5 分		
电气系统维修	说出电器维修规范，5 分		
	规范执行电器维修操作，5 分		
蓄电池处置	说出废蓄电池处置，蓄电池充电和保存的注意事项，5 分		
	正确处置废蓄电池，规范执行蓄电池充电和保存操作，5 分		

参 考 文 献

[1] 范爱民，成伟华. 汽车维护与保养 [M]. 北京：清华大学出版社，2010.
[2] 姜龙清. 汽车维护与保养一体化教程 [M]. 北京：机械工业出版社，2012.
[3] 谭本忠. 汽车维护与保养图解教程 [M]. 北京：机械工业出版社，2012.